FELIPE NETO

Pixel

MURAL DE FOTOS

Aos 2 anos e 6 meses no seu quarto na casa da Avó Maria

Felipe e Luccas: parceiros desde pequenos

Felipe e o irmão, Luccas, em janeiro de 1995, passeando pelo Jardim do Méier, RJ

Comemorando, ao lado de sua mãe, sua 1ª Comunhão

Felipe em um de seus trabalhos no teatro

Abraço carinhoso na vovó, aos 8 anos

Irmãos Neto na piscina, em março de 1993

Felipe aos 6 anos, fazendo traquinagens

Puro estilo aos 2 anos de idade

Beijinho no papai

Festa junina da escola, em 1990

Passeando em Cabo Frio (RJ) - Abril de 1998

Dando uma voltinha de bicicleta, aos 5 anos

FELIPE AOS OLHOS DOS PAIS
Os filhos podem possuir todos os defeitos do mundo, mas aos olhos de seus pais eles são sempre perfeitos. Pode até ser que eles reconheçam um defeitinho aqui ou

Felipe pela mãe

Quem é o youtuber Felipe Neto para você?
Um cara que adora comédia e gosta muito de fazer as pessoas sorrirem! Além disso, o youtuber Felipe Neto é também um profissional que está sempre se transformando e repaginando para tornar o seu canal cada dia melhor. Ele não se acomoda, vive uma constante busca por inovação.

E quem é o Felipe filho?
Felipe filho é muito especial e para mim será sempre uma eterna criança. Extremamente batalhador e sonhador! Um filho adorável e muito amado!

Como era o Felipe na infância?
Sempre foi uma criança tranquila. Não me deu muito trabalho.

E na adolescência?
Na adolescência deu um trabalhinho, como todo adolescente costuma dar... rsrsrs, mas nada que saísse muito da linha. Era um jovenzinho adorável, responsável e romântico.

Que mania ele tinha quando criança?
Sua mania era zoar o irmão, dando um tapa na nuca e correndo em seguida rsrsrs. Essa era uma brincadeira constante entre eles.

E o que ele aprontava que te tirava do sério?
O que me tirava do sério era ele não arrumar a cama. kkkkkkk

Qual é a maior qualidade do Felipe?
As maiores qualidades dele são sua humanidade e humildade. Felipe tem um coração imenso!

E o maior defeito?
Nem sei se chega a ser um defeito, mas no mundo de hoje devemos ter sempre certos cuidados. Felipe acredita muito nas pessoas e, infelizmente, nem todos são o que parecem.

Qual foi o maior orgulho que ele te deu?
Meus filhos são os meus maiores orgulhos. Quando criança, Felipe me deixou muito feliz ao ganhar um concurso de redação na escola. Já adulto, sempre que vejo seus olhos brilhando e lutando por um objetivo me sinto plena e cheia de orgulho.

Alguma vez te decepcionou?
Felipe nunca me trouxe decepção. Até porque ele ainda é um jovem de 30 anos e tem muito que viver: sonhos, vitórias, quedas... O que importa é que ele levante sempre a cabeça e persista!

Se tivesse que definir o Felipe em uma única palavra, qual seria?
Dedicação. Essa é a palavra que melhor o define.

Deixe um recado para o Felipe:
Filho querido, meu amor por você não tem limite nem medida. Apenas desejo que você seja feliz e que continue buscando todos os seus sonhos. Estou sempre aqui torcendo por você e sempre estarei! Na alegria e na tristeza!
Te Amo!

outro ali, mas só quem tem o direito de apontá-los são os próprios pais, não é mesmo? Felipe Neto já se mostrou de inúmeras formas, mas como será a sua imagem aos olhos dos seus pais? Ficou curioso? Então vamos descobrir!

Felipe pelo pai

Quem é o youtuber Felipe Neto para você?
O Felipe Neto youtuber me surpreende pela capacidade de se reinventar, não só em suas criações, mas também pelo descompromisso com as próprias afirmações do passado. Ele amadureceu e não teve medo de dizer que estava errado aqui ou ali.

E quem é o Felipe filho?
Atualmente, um carinha bem difícil de encontrar. Às vezes ainda me aborreço um pouco por isso, mas procuro lembrar que ele está seguindo o seu rumo. O que mais um pai poderia querer?

Como era o Felipe na infância?
Ele sempre foi um menino doce e muito calmo, às vezes até quieto demais. Só quando começou a fazer vídeos é que "abriu a tampa". Não é de surpreender que tenha saído do jeito que saiu quando criou o "Não Faz Sentido".

E na adolescência?
Continuava muito dócil, sempre excelente aluno na escola, até ganhar seu primeiro computador. Felipe queria ficar cada vez mais tempo jogando ou na internet e o colégio passou a ser um "problema". Essa foi a única questão bastante difícil e estressante dessa fase.

Que mania ele tinha quando criança?
Bola, bola, bola... Felipe estava sempre chutando uma bola. Mas, quando jogava, na escola, só ficava no gol. Vai entender... rsrs

E o que ele aprontava que te tirava do sério?
Felipe era uma criança tranquila e não era de aprontar muito. Na verdade, adoraria que ele tivesse aprontado um pouco mais na infância.

Qual é a maior qualidade do Felipe?
Humildade. Quando ele começou a fazer sucesso fiquei receoso que isso subisse à sua cabeça, como acontece com muitos que alcançam a fama, mas Felipe trata seus fãs e as pessoas com quem convive no dia a dia com muito respeito e humildade.

E o maior defeito?
A falta de limites no que se refere a trabalho, o que costuma gerar fases de baixa imunidade e alguns "curtos-circuitos" também (crises de ansiedade). Só quando o corpo grita é que ele resolve ouvir e parar.

Qual foi o maior orgulho que ele te deu?
O fato de ele usar a sua influência para ajudar as pessoas, falando abertamente da depressão, por exemplo, incentivando os jovens a lerem mais e a usarem suas capacidades para vencer o medo.

Alguma vez te decepcionou?
Sim. Quando decidiu torcer pro Botafogo. Brincadeira! Na verdade, eu que causei certa decepção pra ele, pois ele me pedia para torcer para algum time, mas eu nunca tive interesse por futebol. Espero não ter causado nenhum trauma nele por isso (risos). Foi mal, filhão!

Se tivesse que definir o Felipe em uma única palavra, qual seria?
Corajoso.

Deixe um recado para o Felipe:
Mesmo ficando um pouco bravo quando você "some do mapa", rsrsrs, estou sempre te acompanhando, aplaudindo e vibrando com tudo que você realiza. Sempre vou estar!

É coruja que fala, né?

Eles podem ser chamados de fãs, inscritos, seguidores ou até mesmo de outra nomenclatura qualquer, mas certamente o apelido queridinho não é nenhum desses. Estamos falando de uma legião de pessoas que admiram e acompanham o trabalho do youtuber Felipe Neto: as famosas corujas!

Esse é o jeitinho carinhoso que Felipe usa para se referir aos seus fãs, que, por sua vez, adoram ser chamados dessa forma. Mas, afinal, de onde surgiu essa história de coruja? Há quem pense que Felipe era apaixonado pela tal ave de rapina e que por esse motivo resolveu apelidar seus fãs assim, mas a história verdadeira passa bem longe dessa versão. Vamos descobrir?

Assim que decidiu retornar para o YouTube, Felipe Neto passou a produzir conteúdo não só para o seu canal, como também para o Snapchat. Lá, Felipe postava vídeos mostrando toda a sua rotina para os seus seguidores, que acabavam acompanhando o seu dia a dia. Nessa época, o youtuber estava numa "vibe" de alimentação saudável e comia muita couve-flor e tomate em suas refeições. Você deve estar se perguntando o que esses dois alimentos têm a ver com coruja, certo? Calma que vamos chegar lá!

Um belo dia, durante um de seus vídeos, Felipe foi mostrar seu prato saudável — que, para variar, estava repleto de tomates — e, ao tentar pronunciar "tomate cereja", ele se enrolou e falou "tomate coruja". Seus seguidores acharam o engano muito engraçado e começaram as zoações. Felipe decidiu então entrar na brincadeira e passou a falar "tomate coruja" sempre em seus vídeos. Com isso, os próprios fãs começaram a se apelidar de corujas e a moda pegou! Desde então, essa é a forma como são chamados os apaixonados pelo youtuber. Fofo, né? ❤️

LIGA-PONTOS

A coruja tem um significado muito especial para Felipe Neto, afinal, ela representa uma das coisas mais preciosas que ele tem na vida: seus fãs! Ligue os pontos de 1 a 70 e complete a coruja abaixo:

Tatuagens de FELIPE NETO

Felipe Neto ingressou no universo das tatuagens assim que completou sua maioridade. Chegou de mansinho e sua estreia foi marcada por um pequeno desenho em seu tornozelo. A arte poderia até ser pequena no tamanho, mas não em seu significado: sucesso!

Essa foi a primeira experiência de Felipe com a arte de desenhar na pele, mas foi o suficiente para que ele sentisse o gostinho e se apaixonasse por tatuagens. De lá para cá, o youtuber já fez mais onze tattoos e não pretende parar por aí.

Apesar do grande número, Felipe Neto sempre reforça a ideia de que a decisão de se fazer uma tatuagem deve ser muito bem pensada, pois é algo que fica eternizado na pele.

Cada uma de suas doze tatuagens possui um significado especial para Felipe. Confira!

1ª
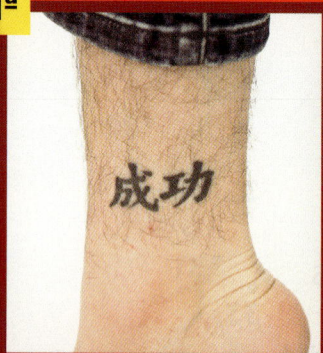
- **Tattoo:** palavra "sucesso", escrita em japonês
- **Local:** tornozelo direito
- **Significado:** o desejo de Felipe de atingir seus objetivos

2ª

- **Tattoo:** símbolo das Relíquias da Morte
- **Local:** panturrilha esquerda
- **Significado:** a importância de Harry Potter na vida de Felipe, por ter lhe apresentado o hábito da leitura

3ª
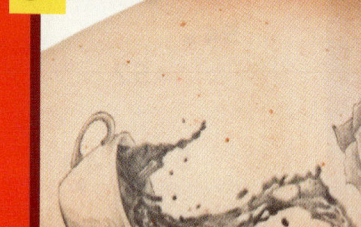
- **Tattoo:** caneca derramando café
- **Local:** costas
- **Significado:** paixão de Felipe por café, a bebida que lhe dá mais energia e vontade de fazer as coisas

- **Tattoo:** rosa
- **Local:** costas
- **Significado:** homenagem à sua mãe, que se chama Rosa

- **Tattoo:** pena de escrever que se transforma em pássaros
- **Local:** costas e ombro direito
- **Significado:** a liberdade e transformação que a escrita proporciona a quem a pratica

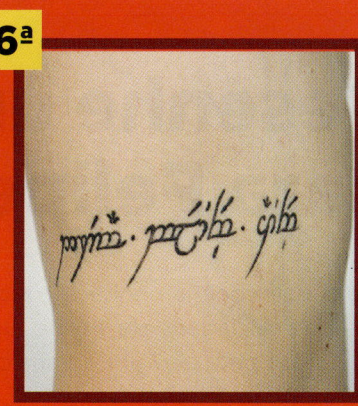

- **Tattoo:** as palavras "sonhe, acredite e conquiste", escritas em élfico
- **Local:** costela
- **Significado:** a paixão de Felipe por Senhor dos Anéis

- **Tattoo:** coruja
- **Local:** braço esquerdo
- **Significado:** homenagem de Felipe aos seus fãs

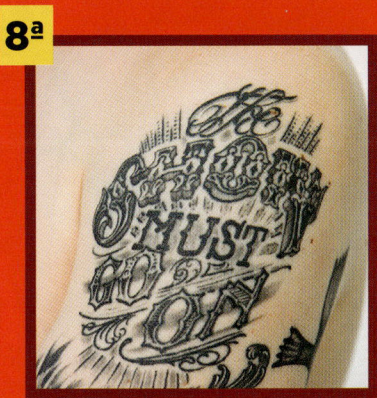

- **Tattoo:** a frase "The show must go on", em inglês
- **Local:** braço esquerdo
- **Significado:** famosa frase de Queen que significa "o show tem que continuar", em português

- **Tattoo:** Número 1 em cima da logo do YouTube e a lente de uma câmera
- **Local:** braço esquerdo
- **Significado:** homenagem feita quando Felipe bateu pela primeira vez 1 bilhão de visualizações no YouTube

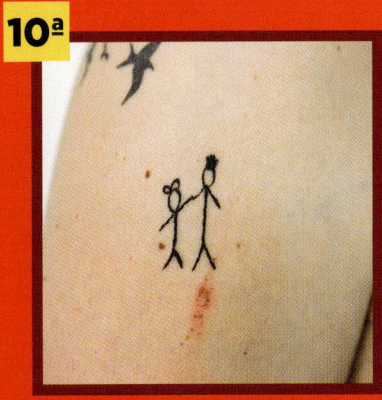

- **Tattoo:** Luccas e Felipe de mãos dadas
- **Local:** braço direito
- **Significado:** tatuagem feita por Luccas para homenagear o primeiro milhão de inscritos do canal Irmãos Neto

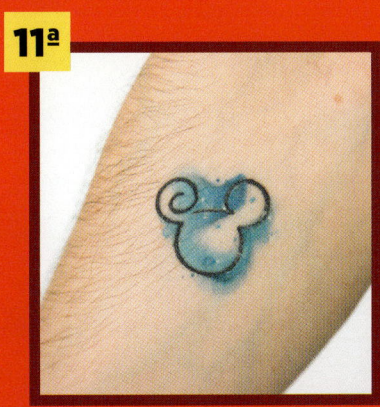

- **Tattoo:** Mickey
- **Local:** braço direito
- **Significado:** registro de uma viagem para a Disney muito especial que Felipe fez com seus amigos

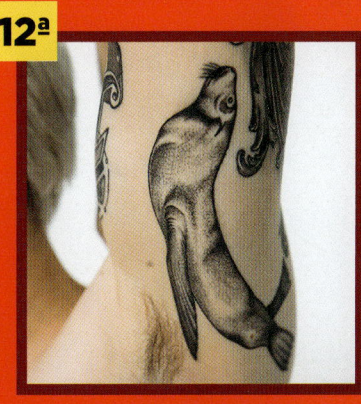

- **Tattoo:** foca
- **Local:** braço esquerdo
- **Significado:** homenagem à meta de 5 milhões de inscritos, alcançada pelo canal dos Irmãos Neto

Desenhe uma tattoo para Felipe Neto

Agora que você já conhece o significado de cada uma das tatuagens de Felipe Neto, que tal criar uma tattoo para ele? Solte a sua criatividade e faça uma arte bem bonita!

FAÇA VOCÊ MESMO

Jogo dos 7 ERROS

Como eu cheguei TÃO LONGE?

POR Felipe Neto

Confira um relato de Felipe Neto sobre o que ele acredita ter sido o seu trampolim para o sucesso

Eu amo olhar pra trás, pra minha vida, tentando entender em que eu mais acertei e em que eu mais errei. E hoje, no auge dos meus 25 anos, fazer isso é maravilhoso.

Ok, 27 anos.

Por favor para de me pressionar, eu sei que eu tenho 30 anos, eu só queria fingir. Por que vocês nunca acreditam? Aff.

Enfim, seguindo em frente... Muita gente pergunta, em palestras ou eventos, os motivos que eu acredito terem sido responsáveis pelo meu sucesso. E por sucesso eu nem digo fama, mas sucesso profissional. Como eu saí do Buraco do Padre e me tornei um ator e empresário bem-sucedido que hoje pode alimentar o Bruno com filé-mignon e levá-lo pra Disney. Então decidi tentar passar para vocês alguns desses motivos, porque sei que muitos que lerão este livro ainda são bastante jovens e talvez possam ser influenciados a seguir o caminho do bem, do trabalho e da disposição.

Galera, não vai ser fácil. Mesmo se o teu pai for o dono do Brasil, não adianta, não vai ser fácil. Nunca é fácil. Mas existem alguns atalhos que você pode pegar para transformar tudo em menos difícil.

O primeiro e mais importante deles é a leitura. Só de você estar lendo este texto já mostra que tem interesse e curiosidade, então por que não expandir isso?

Eu morava numa região realmente desfavorecida, com amigos que não tinham nenhum sonho ou ambição. Alguns sonhavam em fazer parte do corpo do tráfico de drogas, outros sonhavam em trabalhar apenas para ter o suficiente pra bancar uma família pequena. O lugar era (e ainda é) esquecido pela Prefeitura, pelos mais ricos, por todo mundo. Porém, no meio de todo aquele abandono, eu descobri os livros. Começando por Harry Potter e indo além, para todo tipo de leitura, eu descobri algo que hoje posso ensinar a vocês: os livros nos transformam em pessoas sonhadoras, criativas, com um pensamento muito mais veloz e uma capacidade incrível de juntar ideias e transformá-las em alguma coisa. E isso é algo que ninguém nunca vai te ensinar.

Na escola, você vai ler os clássicos brasileiros e estudá-los para uma prova. Não é só isso. Ler forçado não é o que a Literatura se propõe a ser, então se você tem preguiça de ler porque talvez a escola não tenha te estimulado, saiba que nada disso é a realidade, existe um prazer escondido que vai mudar sua vida por completo se você se permitir descobri-lo. E esse prazer se chama "ler algo que eu amo".

Através dos livros eu comecei a enxergar além, comecei a enxergar que o mundo era muito maior do que aquela realidade em que nasci. Eu podia ser mais, eu tinha potencial e capacidade para ser mais. A Literatura me ensinou o que ninguém jamais conseguiu: a sonhar.

Por causa disso, comecei a me dedicar muito mais a ser diferente em vez de apenas me adaptar ao que todo mundo fazia. Enquanto meus amigos chegavam da escola e iam dormir, ou apenas ficavam no sofá olhando pra televisão sem fazer nada, eu me dedicava a crescer e evoluir. Fosse lendo, estudando algo importante pra minha vida (como Artes Cênicas, Design ou assuntos

> ATRAVÉS DOS LIVROS EU COMECEI A ENXERGAR ALÉM

diferentes, como Sociologia) ou até mesmo trabalhando, coisa que comecei a fazer aos 13 anos por necessidade.

A partir de determinado momento, a leitura evoluiu para a escrita. Passava horas escrevendo contos, minilivros, fanfics de Harry Potter, tudo que minha mente imaginasse. Eu achava que era puramente por diversão, não fazia ideia do quanto aquilo poderia mudar minha vida, mas hoje eu enxergo como escrever me transformou numa pessoa capaz de compreender melhor o mundo, os outros, os problemas, as dificuldades e, principalmente, em bolar soluções criativas para lidar com tudo isso. Escrever mudou minha vida para sempre.

LER + ESCREVER + NÃO QUERER SER IGUAL AOS MEUS AMIGOS

> A LITERATURA ME ENSINOU O QUE NINGUÉM JAMAIS CONSEGUIU: **A SONHAR**

Essa foi a minha fórmula, foram os meus atalhos, quando jovem, que me ensinaram a sonhar, a fazer, a realizar, a não aceitar minha posição no mundo, aquela que aparentemente já tinha sido escolhida para mim desde que nasci. Eu não me conformei, não baixei a cabeça, eu fui atrás. E tive meus livros, meus papéis e minha força de vontade para transformar ideias insanas em realidade. E tudo isso foi o que verdadeiramente me trouxe até aqui, no auge dos meus 25 anos.

E se você também sonha em ser diferente, esse é meu primeiro conselho. Quando fechar este livrão, vá atrás de um livro de fantasia que realmente te deixe curioso. Leia até o fim e depois pegue outro. Mude a sua vida para sempre.

MEUS SONHOS E OBJETIVOS

POR *Felipe Neto*

Quando era criança, sonhava em ser jogador de futebol. Até tive a oportunidade, com treinadores pedindo para eu seguir a carreira de goleiro, pois fazia isso muito bem, mas acabei não tendo tanta coragem assim. Até hoje agradeço por ter tomado essa decisão, pois no final das contas fiquei com 1,80m e isso é muito pouco pra goleiro, rs.

Depois disso meu sonho passou a ser atuar na novela da Globo. Como entrei para o Teatro ainda na infância, a Globo era o máximo que um ator era capaz de conseguir no Brasil, então era meu sonho. Hoje talvez você nem saiba direito o que é Globo.

Sonhei também em ser um grande empresário, dono de várias indústrias, administrando tudo de um escritório lindíssimo.

Por que estou contando isso tudo? Porque sonhos mudam. E nós mudamos junto com eles. Se você fica preso ao seu sonho, mesmo depois de ver que a onda passou e que está na hora de mudar, é bem possível que você viva sua vida inteira preso ao passado.

Como eu poderia sonhar em ser um grande youtuber, se quando cresci o YouTube nem existia? Se tivesse ficado preso ao desejo de atuar na Globo, onde será que eu estaria hoje? Provavelmente em lugar nenhum.

Nós precisamos sonhar, precisamos traçar objetivos, metas, criar desafios para nós mesmos e que mais ninguém saiba. Porém, precisamos saber quando está na hora de mudar, de tentar algo novo, de sair da rota, de jogar fora tudo aquilo que pensamos ser o certo e caminharmos por uma nova estrada sem fazer ideia se estamos indo na direção correta, mas com um objetivo em mente.

Tem uma frase que eu amo, vem de um grande filósofo contemporâneo chamado "minha garra d'água", que diz: "Um objetivo sem um plano é apenas um desejo". E realmente está escrito na minha garrafa de beber água.

Essa frase está absolutamente certa. Você ainda vai conhecer muita gente ao longo da vida que, ao se deparar com a pergunta "o que você quer ser?" vai responder algo como "modelo", ou "atriz", ou "administrador", mas que na prática não está fazendo absolutamente nada para realizar esse "sonho". Ou seja, ela tem um desejo, mas não tem plano nenhum para alcançá-lo. E aí, de que adianta sonhar? Não adianta rezar todas as noites pedindo por algo se você não está disposto a levantar, traçar um plano e arregaçar as mangas para conquistá-lo. Nada nessa vida vem de mão beijada.

Agora, o mais importante de tudo é descobrir qual é seu verdadeiro e maior sonho. Aquele que você pode mudar de plano milhões de vezes, mas esse nunca irá mudar. No meu caso ele era simples: ajudar minha mãe e fazer ela ter uma vida de rainha. Eu poderia mudar meus planos infinitas vezes, mas esse sonho nunca iria mudar. E esse sonho eu realizei. Qual é o seu?

UTILIZE O ESPAÇO ABAIXO PARA REGISTRAR O SEU MAIOR SONHO E TRACE PLANOS PARA QUE ELE SE TORNE REALIDADE.

MEDOS e MANIAS de Felipe Neto

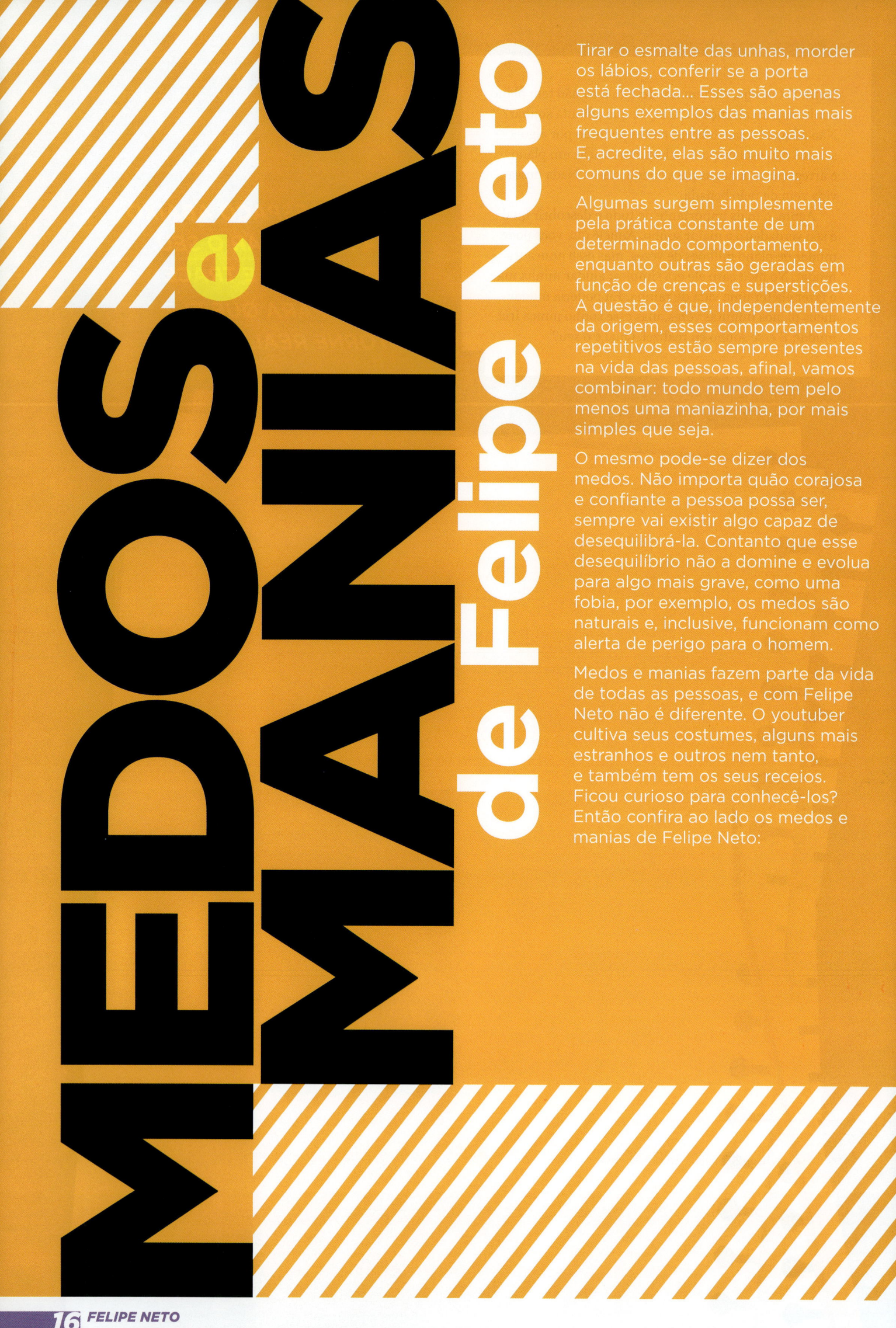

Tirar o esmalte das unhas, morder os lábios, conferir se a porta está fechada... Esses são apenas alguns exemplos das manias mais frequentes entre as pessoas. E, acredite, elas são muito mais comuns do que se imagina.

Algumas surgem simplesmente pela prática constante de um determinado comportamento, enquanto outras são geradas em função de crenças e superstições. A questão é que, independentemente da origem, esses comportamentos repetitivos estão sempre presentes na vida das pessoas, afinal, vamos combinar: todo mundo tem pelo menos uma maniazinha, por mais simples que seja.

O mesmo pode-se dizer dos medos. Não importa quão corajosa e confiante a pessoa possa ser, sempre vai existir algo capaz de desequilibrá-la. Contanto que esse desequilíbrio não a domine e evolua para algo mais grave, como uma fobia, por exemplo, os medos são naturais e, inclusive, funcionam como alerta de perigo para o homem.

Medos e manias fazem parte da vida de todas as pessoas, e com Felipe Neto não é diferente. O youtuber cultiva seus costumes, alguns mais estranhos e outros nem tanto, e também tem os seus receios. Ficou curioso para conhecê-los? Então confira ao lado os medos e manias de Felipe Neto:

MANIAS

1. Estalar os dedos

2. Não olhar tabela do campeonato em dias de jogo do Botafogo

3. Quando o chão tem um desenho, pisar nos quadrados certos

4. Ler todo dia antes de dormir por pelo menos meia hora

5. Assistir a todos os jogos do Botafogo, sem perder nenhum

6. Falar em inglês sozinho, principalmente no banheiro

7. Ir pro meu cineminha e ficar vendo seriado ou filme no escuro, solitário

8. Escrever meus planos e ideias com caneta e papel

9. Beber água! Sempre tenho uma garrafinha cheia de água ao meu lado

10. Café. Muito, muito, muito café!

MEDOS

1. Barata

2. Mariposa

3. Buraquinhos em coisas aleatórias (tripofobia)

4. Derrota do Botafogo em jogo importante

5. Iara quebrar minhas coisas

6. Minha mãe ou a Bruna falarem: "precisamos conversar"

7. Público decidir que eu não sou mais divertido

8. Fazer um teste das casas de Hogwarts e ser selecionado para a Sonserina

9. Cigarra

10. Me sujar, melar ou molhar em vídeo

Origem do rebuliiiiço!

Se as corujas tivessem que definir Felipe Neto em uma única palavra, certamente seria Rebuliiiiço! Esse é o bordão mais famoso do youtuber e resume bem todo o alvoroço que ele costuma causar na internet com os seus vídeos. No entanto, por mais que tal expressão tenha se transformado na marca registrada de Felipe, poucas pessoas sabem exatamente qual é a origem dela. Vamos descobrir?

Assim como o apelido carinhoso pelo qual o youtuber chama os seus fãs, o bordão rebuliço também surgiu completamente por acaso, durante a gravação de um dos seus vídeos para o canal. Certo dia, atendendo a pedidos de seus inscritos, Felipe decidiu gravar um react a K-pop, um gênero musical coreano. Ele já sabia que aquele era um vídeo muito aguardado e que causaria um grande frisson, então já iniciou a gravação avisando aos fãs que tal react geraria um rebuliço.

A expressão surgiu naturalmente na fala de Felipe, em substituição a outra palavra que estava muito em alta na internet na época: furdunço. Também de forma espontânea, junto com a pronúncia da expressão em um tom de voz diferenciado, Felipe fez o movimento característico do rebuliço: mãos contorcidas, cabeça pra trás e olhos vesgos. A reação do público não poderia ter sido melhor e o rebuliço foi sucesso total!

Os fãs gostaram tanto da expressão, que compraram a ideia e começaram a replicar o rebuliço pela internet afora, tornando-o muito popular e, consequentemente, o bordão de Felipe Neto. E a brincadeira não parou por aí. Com tanto sucesso, o rebuliço acabou ganhando outras proporções e virou, inclusive, uma paródia do hit "Despacito", de Luis Fonsi.

Lançado no canal de Felipe, o clipe já conta com mais de 25 milhões de visualizações e teve a participação de muitos amigos do youtuber. Confira a seguir o relato de Felipe Neto sobre a experiência de gravar a paródia "Rebuliço".

Como foi gravar o clipe REBULIÇO

POR *Felipe Neto*

Quando tive a ideia pra paródia, recebi muito apoio dos meus amigos.

"Cara, ninguém mais liga pra Despacito"
– disse o Bruno.

"Você acha que vai bombar? A música já parou de fazer sucesso faz tempo"
– disse a Bruna.

"O que é Despandito?"
– disse a minha mãe.

A verdade é que a ideia era ótima, mas de fato a música "Despacito" já não era a mais tocada, e todo canal do Brasil já tinha feito uma paródia, então por que eu cismei em gravar mesmo assim?

Por que "DES-PA-CITO" rimava perfeitamente com "RE-BU-LIÇO" e eu queria gravar mesmo se a música flopasse e tivesse 500 mil views somente.

Arregacei as mangas e eu mesmo fui convidando meus amigos pra participar. Era muito complicado, porque eu iria gravar no Rio de Janeiro e quase todo artista do Brasil odeia morar no Rio de Janeiro, eu não sei por quê. Youtuber então nem se fala, é mais difícil achar youtuber no RJ do que cantor de funk no Amapá.

Depois de muito esforço para conciliar as agendas, consegui fechar com o Kevinho, Dani Russo, MC Melody, Christian Figueiredo, Raissa Chaddad, Nicks Vieira, Camila Loures, Luara Fonseca, além de toda a família Neto! Quando começou a chegar todo mundo no dia marcado, minha cabeça estava a mil, eu não fazia ideia se ia ficar bom ou não, e várias pessoas tinham viajado de suas cidades até a minha casa só por acreditarem e confiarem em mim! Era uma responsabilidade braba!

Quando a gravação começou, juro que achei que as pessoas fossem desistir. Fazia um sol de uns 40 graus no RJ. Ali eu entendi porque tanta gente prefere morar em SP. Nós fomos gravar no terraço e tínhamos que ficar várias vezes repetindo os movimentos do rebuliço, dançando, pulando, nos abraçando... Tudo isso debaixo de um sol escaldante. Eu conseguia sentir a vontade do Kevinho e do Christian de me chamar no canto e falar "mano, tu me deve tua alma depois disso", mas ninguém reclamou. Ninguém! Foi tão lindo! Todo mundo suado, com pizza debaixo do braço, aquele cheirinho de grupo depois do futebol, mas todo mundo feliz e empolgado! Ali eu vi que havia pessoas verdadeiras ao meu lado, que não estavam ali apenas pra ganhar visibilidade, mas sim porque gostavam de verdade de mim. Foi um dos momentos mais lindos da minha vida.

Depois disso fomos todos almoçar. Montamos um buffet enorme, porque além dos convidados, também tinha os familiares. Comemos ouvindo a música nova do Kevinho, que ainda não tinha sido lançada. Demos muita risada e partimos para a parte da piscina, mais uma vez debaixo de um sol terrível. Os únicos sortudos foram o Bruno e o Luiz, que ficaram dentro d'água enquanto os outros dançavam ao redor.

Aquele foi um dos dias mais felizes da minha vida. Ver meu irmão dançando minha música junto com o Christian. A Bruna com a Dani Russo, o Bruno conseguindo tropeçar dentro da água. Tudo foi mágico e lindo. Todos unidos apenas para criar um clipe bacana. E o resultado foi inesquecível. Hoje a música REBULIÇO é o vídeo mais assistido do meu canal, contando com mais de 25 milhões de visualizações. E eu só consegui isso graças ao esforço de todas as pessoas naquele dia. Os convidados, a equipe técnica, a direção, os familiares, todo mundo. Muito obrigado por terem dado vida ao REBULIÇO! Eu nunca vou esquecer vocês.

REBULIÇO

Sim
Canal Felipe Neto virou diversão
Não precisa de treta ou confusão
Sim
Os haters tentam jogar contra e falar mal
Mas o amor tomou conta do canal

Tem vídeo todo dia pra te divertir
Tem lives maneiras pra gente curtir
E bater os recordes do YouTube
Oh yeah
Tem reacts de músicas sensacionais
O Tente Não Rir engraçado demais
E sempre meus cabelos muito coloridos

(Refrão)
Rebuliço
A família Neto é só rebuliço
Todo vídeo novo vira rebuliço
Tentar ficar de fora é quase impossível

Rebuliço
Com minhas corujas é só rebuliço
Todo comentário vira rebuliço
Tentar ignorar é quase impossível

Ergue os braços, vem com a gente
Faz esse pacito
Um olho pra cada lado
E manda o rebuliço
Mexe todos os dedinhos
Faz esse pacito
Uma careta maluca
E manda o rebuliço

E dia e noite eu vou gravando
Vídeos eu vou postando
O canal vai bombando
Corujas vão pirando
Mudo a cor do cabelo a cada um milhão de inscritos
Mando um rebuliço pra ficar mais divertido

Se inscreve no canal e deixa uma curtidinha
Vem com as corujas fazer parte da família
    Quem tá com a gente não aguenta ficar parado
    Tem vídeo todo dia pra ficar mais engraçado

Pacito a pacito
Rebu rebuliço
O canal tá crescendo, poquito a poquito
Eu nunca liguei pra galera recalcada
Com vocês do meu lado não preciso de mais nada

Pacito a pacito
Rebu rebuliço
O canal tá crescendo, poquito a poquito
Pra família Neto meu muito obrigado
Vocês que são demais e sempre acreditaram

Oh yeah

(Refrão)

Ergue os braços, vem com a gente
Faz esse pacito
Um olho pra cada lado
E manda o rebuliço
Mexe todos os dedinhos
Faz esse pacito
Uma careta maluca
E manda o rebuliço

Rebuliço
Com minhas corujas é só rebuliço
Todo comentário vira rebuliço
Tentar ignorar é quase impossível

Pacito a pacito
Rebu rebuliço
O canal tá crescendo, poquito a poquito
Eu nunca liguei pra galera recalcada
Com vocês do meu lado não preciso de mais nada

Pacito a pacito
Rebu rebuliço
O canal tá crescendo, poquito a poquito
Pra família Neto meu muito obrigado
Vocês que são demais e sempre acreditaram
Oh yeah

Rebuliço

CAÇA Rebuliiiiiço

Procure e marque!

O clipe da paródia **Rebuliço** tem mais de 25 milhões de views no YouTube e ocupa o topo do ranking de vídeos do canal de Felipe Neto. Escondemos no diagrama abaixo 25 palavras extraídas da letra de **Rebuliço**. Você consegue encontrá-las?

- AMOR
- BRAÇOS
- CABELO
- CANAL
- CARETA
- COLORIDOS
- COMENTÁRIO
- CORUJAS
- CURTIDINHA
- CURTIR
- DIVERTIR
- ENGRAÇADO
- FAMÍLIA
- GALERA
- IMPOSSÍVEL
- INSCRITOS
- MALUCA
- MILHÃO
- OBRIGADO
- OLHO
- REBULIÇO
- RECORDES
- VÍDEO
- YOUTUBE
- PACITO

```
L M E N G R A Ç A D O H Z X L R
P S D B S Y R E C O R D E S R T
A V Z W D W W B N Z W E E X V C
C M I L H Ã O F S L R H F S M A
I N H Z H N H V R H N T O T M R
T Z C O R U J A S D C D W J E E
O L D R M W K E Y J I I D E X T
H D L V G I V K V R K C Y R I A
Y O U T U B E J O D N B A B J V
M K D L W C V L W R O F S N D G
Z R D D T T O M B H H C L B A S
H L O J F C C H L I M C K E X L
C B B M V D K O Y I C U R T I R
W R T R A I W N J M E W G G M R
F A J H R E E Y C P T Z G C Y J
Y Ç L M D K A H X O S D I O T C
G O E S C I Z R I S M Z N M R U
M S I K L Z B R Y S C W D E F R
K V T I X J J E R I X R M N F T
T J M J G D J B J V E N Z T D I
J A G L G B X U I E R J J A C D
F B V V I M J L R L N D V R Y I
W W S I D X J I S M C N W I C N
D B X N D I D Ç C N O D S O K H
I I M H R E B O H D I O X D M A
V D A S C K O B A E T T R N B I
E S L M R W F G D I B Z Z E Z W
R J U B C E I D R J W R V R K Y H
T B C D S R F C B S C K L M D Y
I F A V B V S T Z C A B E L O H
R M M O Z N R M X L G I W T N H
I I B Z I V G A L E R A H X T N
```

PARCERIA DE SUCESSO

ELE É O BRAÇO DIREITO DE FELIPE E O ESQUERDO TAMBÉM. MUITO MAIS QUE UM FUNCIONÁRIO, É AMIGO, PARCEIRO, COMPANHEIRO E JÁ FOI ATÉ PROMOVIDO A INTEGRANTE DA FAMÍLIA NETO.

A parceria entre eles não é de hoje e traz consigo uma linda história de dedicação e merecimento. Bruno e Felipe se conheceram através de uma reunião de negócios. Na época, Bruno trabalhava fazendo check-in em uma companhia aérea, mas a sua paixão pela internet e pelo mundo geek faziam com que nas horas vagas ele se envolvesse em eventos desses dois outros ramos.

Em um desses trabalhos paralelos, Bruno estava organizando um evento chamado Nerd Rio e a produção queria muito a participação de Felipe Neto. Por esse motivo, a equipe marcou uma reunião com Felipe para tratar sobre o evento, e lá foi o Bruno encontrar, pela primeira vez, o tal youtuber famoso. De cara, Felipe ficou encantado com a simpatia de Bruno e com a sua dedicação ao evento.

Após ter participado do Nerd Rio, Felipe ficou em contato com Bruno, pois havia gostado do trabalho dele e queria que ele fizesse um serviço na área de eventos da Paramaker, empresa que Felipe havia fundado e geria na época. Bruno foi chamado para fazer um trabalho para Felipe e, diante do êxito que ele obteve, acabou sendo contratado para ficar à frente do setor de eventos e de relacionamento com clientes.

Com o ingresso de Bruno na Paramaker, os dois passaram a ter uma grande proximidade. No entanto, como existia uma hierarquia de chefe e funcionário, Felipe e Bruno acabaram não desenvolvendo uma relação tão profunda assim. A amizade entre eles veio de fato a acontecer somente quando Felipe vendeu a empresa e convidou Bruno para trabalhar com ele fora dela, na retomada de seu canal do YouTube.

Cada vez mais presentes na vida um do outro, a amizade foi naturalmente crescendo e, paralelamente, o reconhecimento de Felipe pelo engajamento de Bruno em seu trabalho. De empregado insatisfeito que exercia uma função que não lhe trazia realização profissional a braço direito de um dos maiores youtubers do país, Bruno fez por merecer cada um dos degraus que subiu na vida.

Ele agarrou com unhas e dentes cada uma das oportunidades que lhes foram dadas, em busca da concretização de um antigo sonho: trabalhar com a internet. Tamanha dedicação não poderia ter tido outro resultado que não o sucesso. Hoje, Bruno é um dos caras mais conhecidos do YouTube e ganhou uma legião de fãs, apaixonados pelo seu jeitão atrapalhado e simpático de ser.

Bruno por Felipe

Quem é o Bruno Correa para você?
O Bruno é como o motor do meu canal. Um carro não existe sem motor. Ele foi o cara que organizou tudo, que assumiu a responsabilidade e tocou o projeto pra frente. É meu grande amigo e meu grande alvo de zoação. Hoje não daria para existir sem o Bruno.

Como é o Bruno funcionário?
Dedicado e responsável. Eu sei que quando deixo algo nas mãos dele, a coisa vai sair. Isso é muito importante pra mim. O problema é que ele solta pum toda hora.

E o Bruno amigo?
Fiel, grato e muito, muito, muito emotivo. Ele quer me abraçar toda hora e eu não gosto. Aí eu falo algo pra quebrar o clima, ele peida e fica tudo certo.

O que você mais admira no Bruno?
Sua lealdade e gratidão. É muito difícil encontrar pessoas gratas e que não se aproveitem de você. Muito, muito, muito difícil!

E o que ele faz que mais te irrita?
Barulhos com a boca. Ele não consegue respirar direito, então a boca dele faz sons que irritam num nível que você não é capaz de imaginar! Aí o que ele faz? Criou a mania de botar 25 chicletes na boca e ficar mastigando. Eu fico querendo morrer.

Qual a mania mais esquisita do Bruno?
Bagunçar tudo! Ele é bagunceiro num nível que eu nunca vi nada parecido. Você entra no quarto dele e tem uma pizza em cima de um notebook que tá dentro de um balde. E na cabeça dele isso faz sentido!

Qual é a melhor lembrança que você tem com ele?
O dia da primeira apresentação da peça FELIPE NETO MEGAFEST. Foi a primeira vez que ele fez teatro, no Vivo Rio.

Deixe um recado para o Bruno:
Pelo amor de Deus para de comer. Pelo amor de Deus para de peidar. Pelo amor de Deus arruma sua casa. Fora isso, nunca mude.

Felipe por Bruno

Quem é o Felipe Neto para você?
A pessoa mais inteligente de todo o mundo! Mas, ao mesmo tempo, a mais chata também!

Como é o Felipe chefe?
Extremamente rigoroso e exigente. Ele não aceita nada menos que o MELHOR para as corujas. "Jeitinho" não é algo que combine com o Felipe.

E o Felipe amigo?
O Felipe é muito mais que o meu melhor amigo, ele é meu chefe, meu pai e meu ídolo. Sem dúvidas, é uma das pessoas com o coração mais bondoso que eu conheço, apesar de demonstrar pouquíssimas emoções.

O que você mais admira no Felipe?
Sua determinação. Ele não desiste enquanto não consegue. Mesmo quando uma situação parece perdida, ele consegue contornar e surpreender a todos.

E o que ele faz que mais te irrita?
Ele querer resolver todos os problemas sozinho. Por conviver bastante com o Felipe, eu noto quando ele está de mau humor ou chateado com alguma coisa. Sempre que eu tento conversar sobre o assunto, ele fala que não aconteceu nada e guarda pra ele.

Qual é a mania mais esquisita do Felipe?
São duas manias: ficar sozinho à noite no cinema da casa jogando no celular e assistindo a seriado e comer tudo com azeite. Ele dá um banho de azeite de oliva na comida, independentemente de qual seja.

Qual é a melhor lembrança que você tem com ele?
Acho que a mais marcante foi a primeira apresentação do FELIPE NETO MEGAFEST. Eu nunca fiz teatro na minha vida e a estreia foi no Vivo Rio lotado! Ensaiamos apenas três vezes e foi maravilhoso! Lembro que eu estava com vontade de fazer cocô, mas quando eu entrei no palco passou.

Deixe um recado para o Felipe:
Obrigado. Obrigado por tudo: por ser você, por me dar o emprego dos sonhos, por transformar minha vida na melhor vida que uma pessoa poderia ter e por me alimentar. Eu te amo e conte sempre comigo!

Tente NÃO RIR

Quem nunca se acabou de rir daquela piada tosca? Muitas vezes, a graça de algumas piadas está justamente na falta de graça que elas possuem: de tão sem graça que são, passam a ser engraçadas. Quem acompanha o canal do Felipe Neto sabe que o Bruno é craque em piadas toscas. Separamos algumas piadas do Bruno, abaixo, e temos um desafio: tente não rir! Será que você consegue passar ileso por elas?

1 Por que o jacaré tirou o jacarezinho da escola?
R.: Porque ele réptil de ano.

2 Para que servem óculos verdes?
R.: Para verde perto.

3 Qual é o melhor chá para calvície?
R.: Chá-peu.

4 Você sabe o que o Goku foi fazer no shopping?
R.: Comprar uma supersaia jeans.

5 Como um dinossauro pergunta se o outro já está arrumado para sair?
R.: "Já está bronto, Sauro?"

6 Qual a diferença entre o cavalo e o palhaço?
R.: O cavalo gosta de palha crua e o palhaço gosta de palha assada.

7 Qual é o cereal preferido do vampiro?
R.: Aveia.

8 Qual é o carro que avisa quando vai chover?
R.: O celta preto.

9 Como se faz pra ganhar um chokito?
R.: Basta colocar o dedito na tomadita.

10 O que tem dentro da bexiga de festa?
R.: Are baba.

11 Qual é o nome do peixe que caiu do décimo andar?
R.: AaaaaaaaahTum!

12 Como se faz pra transformar um giz em uma cobra?
R.: É só colocá-lo em um copo de água, daí o giz boia.

Memes do FELIPE

Os memes têm o poder de se espalhar rapidamente pela rede e viralizam em muito pouco tempo. Seja por e-mail, blogs, sites, redes sociais ou aplicativos de trocas de mensagens, as pessoas estão sempre compartilhando imagens, vídeos, frases e ideias que se propagam de forma muito rápida e alcançam a grande popularidade que os transformam em memes. Você certamente já viu muitos memes com fotos do Felipe Neto por aí, mas que tal criar os seus próprios memes? Se inspire nas imagens abaixo e solte a sua imaginação! Com as suas obras prontas, não se esqueça de compartilhá-las nas redes sociais com a hashtag #memesdofelipe

FELIPE NETO

Totem do Felipe Neto

Como montar:

1) Recorte as duas partes do totem (frente e verso) e cole uma na outra.

2) Recorte todo o contorno da base, faça uma dobra em todas as linhas e cole as partes indicadas para fechar a base.

3) Com a base já montada, cole-a na área indicada no verso do totem.

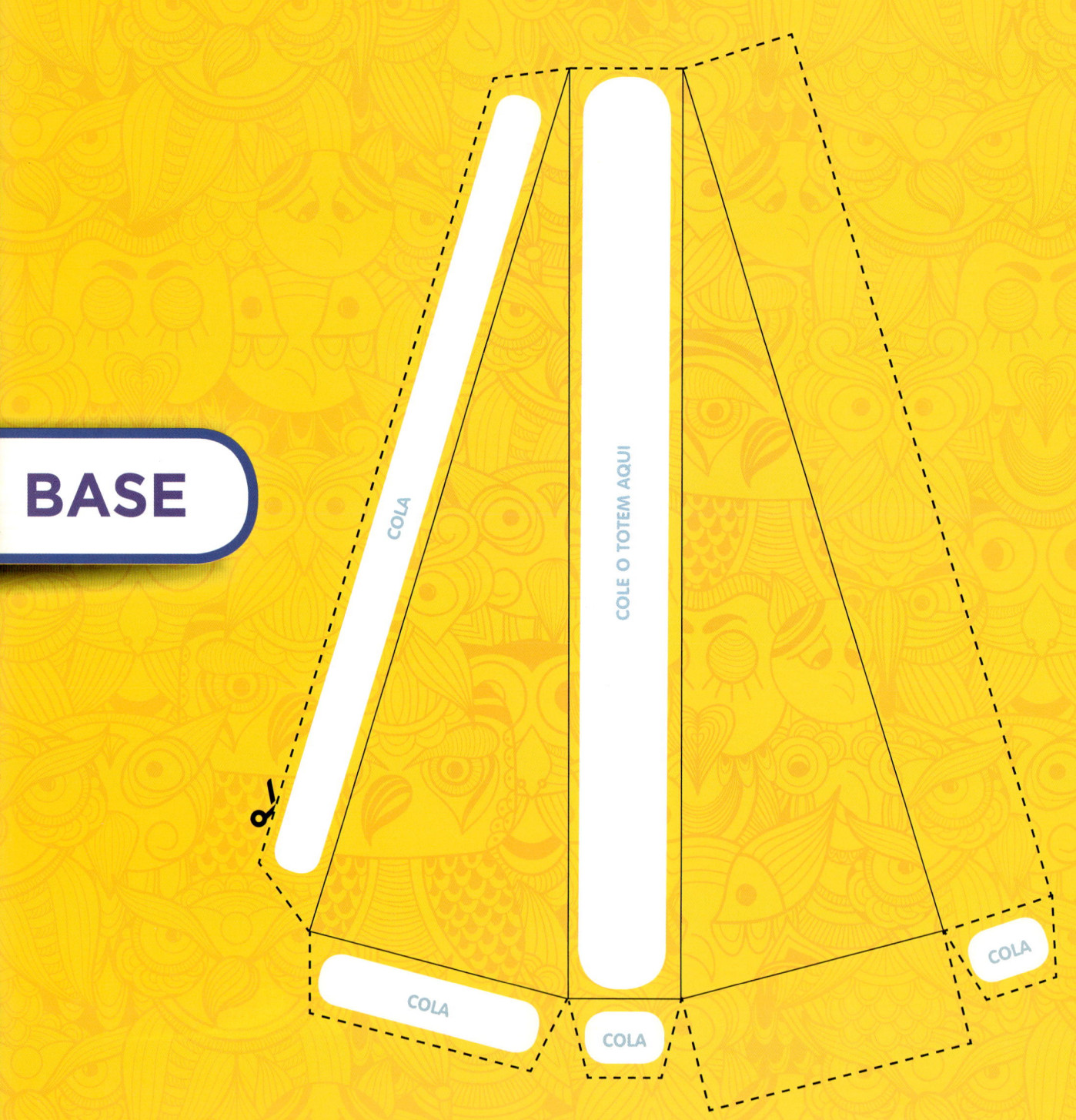

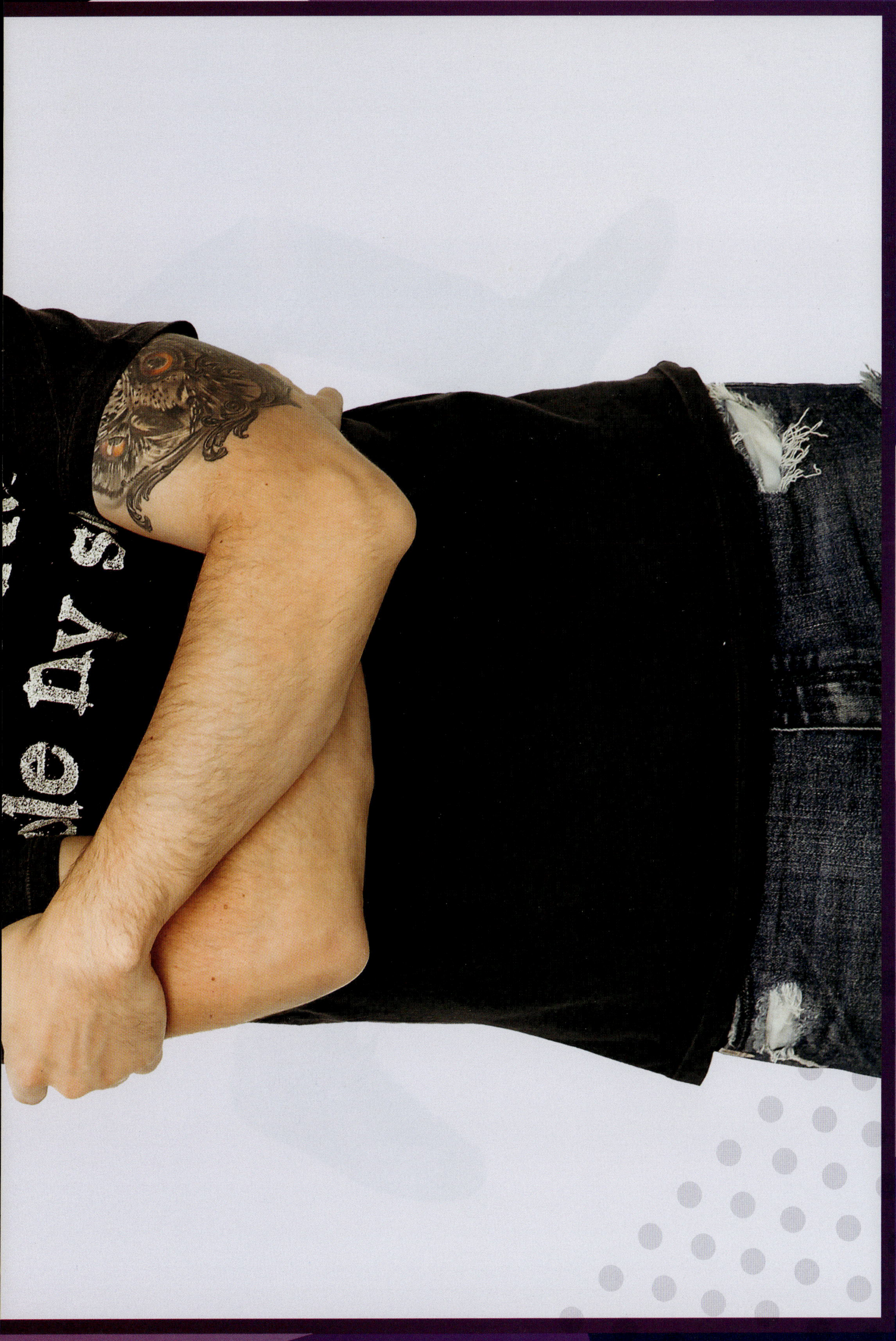

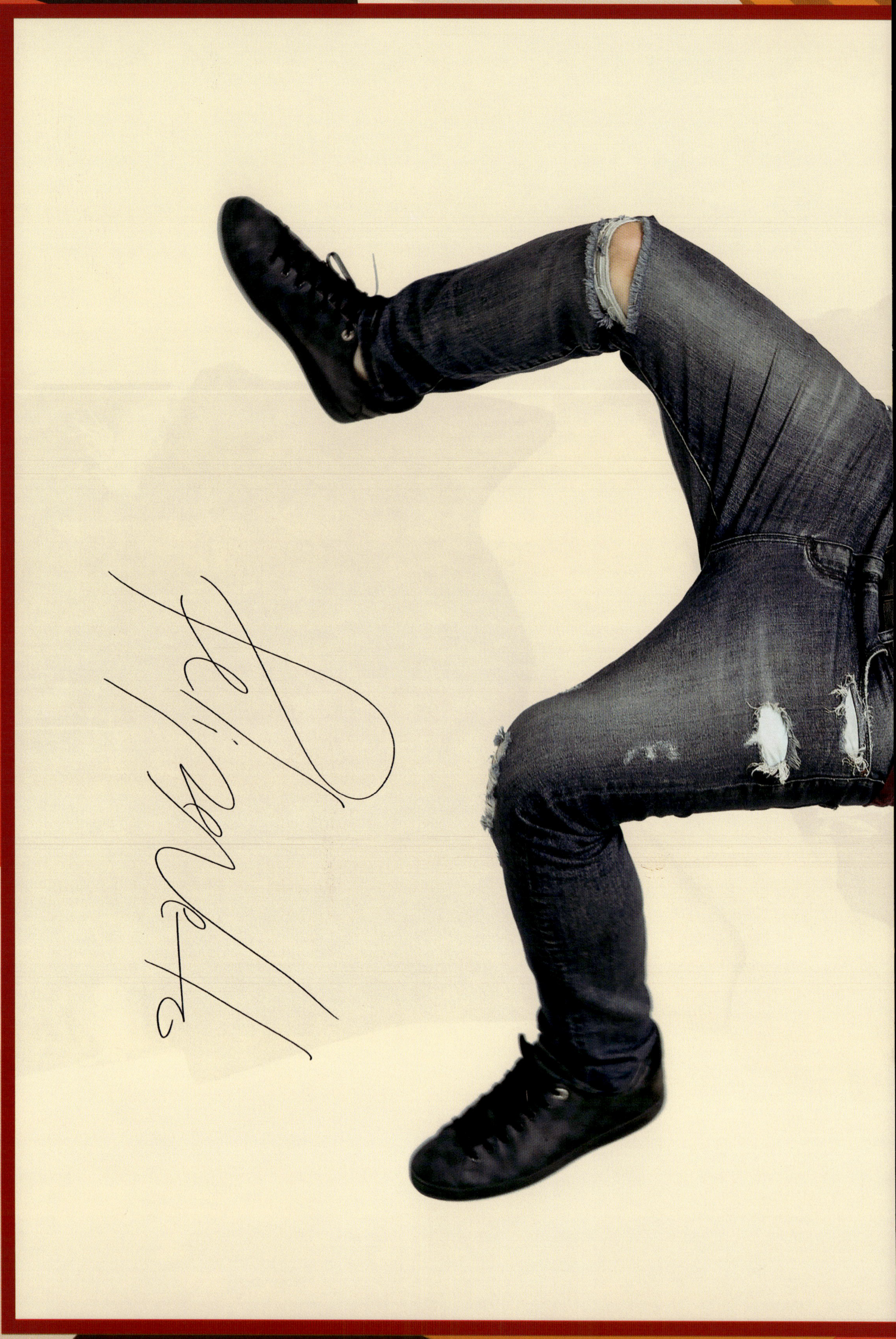

Irmãos Neto

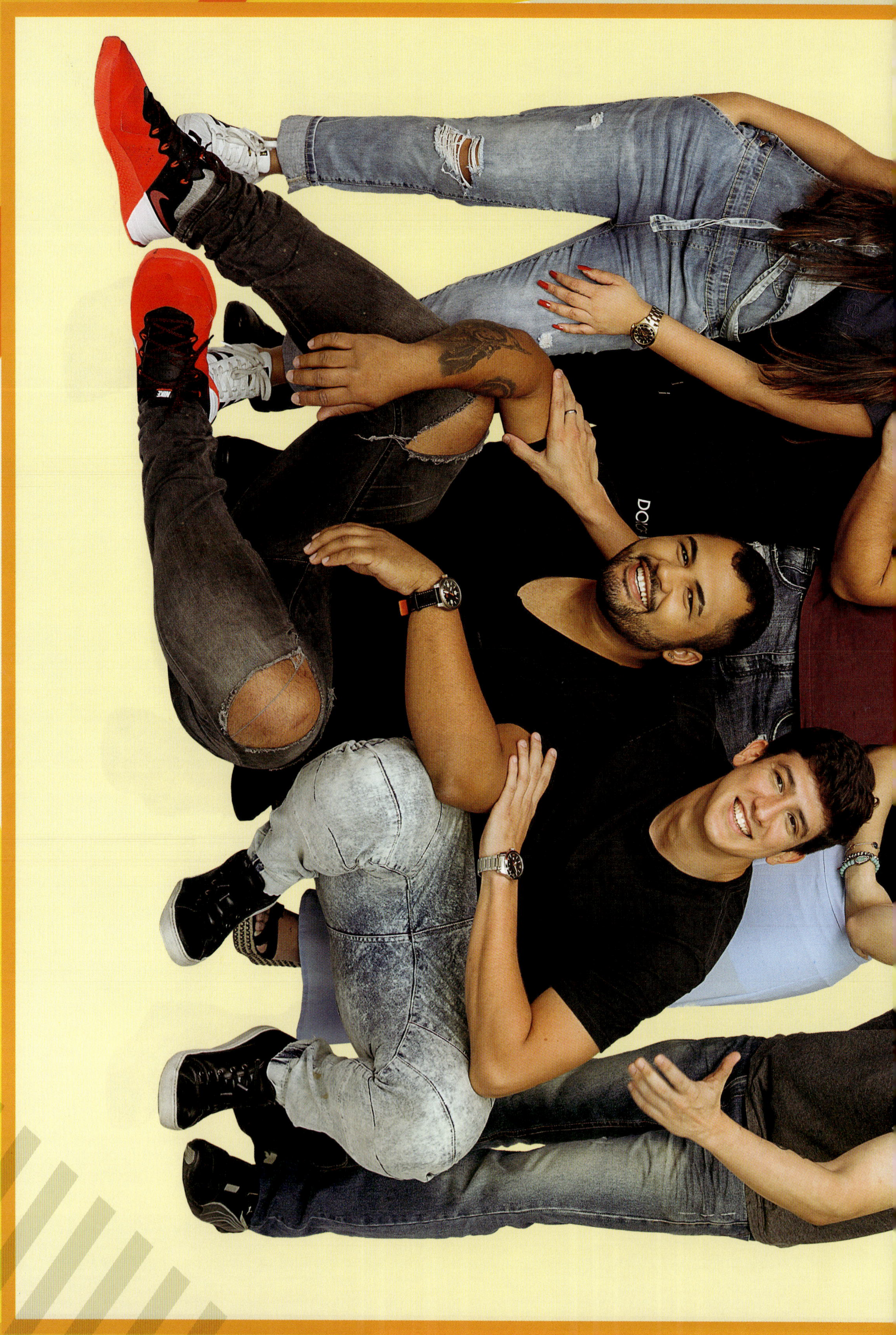

Felipe e B

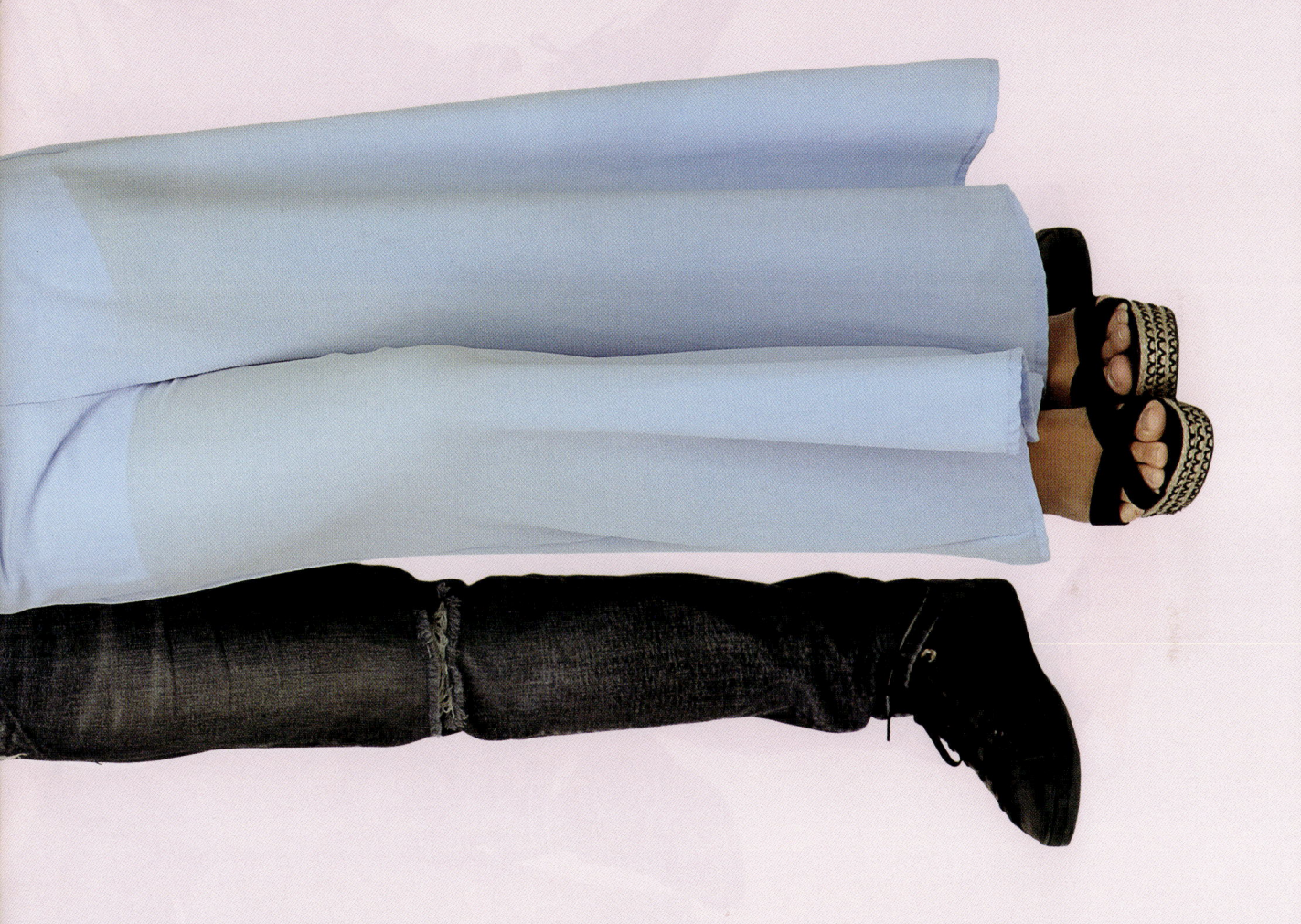

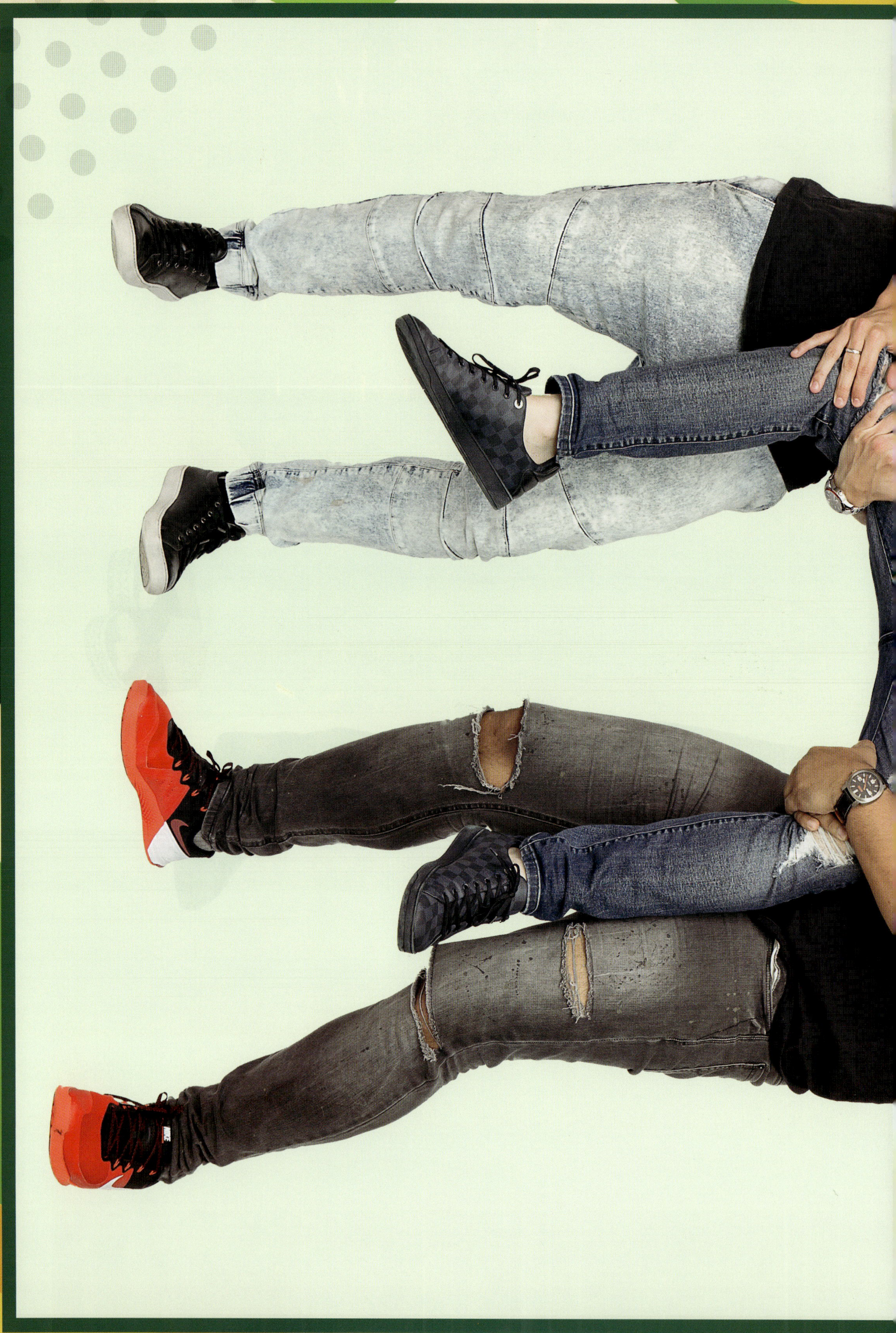

Recordes da CARREIRA

Quebrar recordes é com ele mesmo!
Apaixonado por desafios, Felipe Neto está sempre se superando e alcançando novos patamares em sua carreira. Quando o público acha que ele já fez o seu melhor, ele surge com um novo número e prova que não. Confira alguns recordes da carreira do youtuber.

LIVE DO OSCAR 2018
- Maior live do mundo: Foram mais de 2,5 milhões de visualizações e 180 mil pessoas que assistiram simultaneamente. A cobertura ultrapassou os números dos canais do jornal Washington Post, da revista People, da TNT e da própria live do Oscar, quando apresentou os indicados do ano.

LANÇAMENTO CANAL IRMÃOS NETO
- Recorde mundial de novos inscritos: 1 milhão em 24 horas.
- Recorde mundial das transmissões ao vivo do YouTube, durante a live do lançamento do canal: 316 mil pessoas.

APP
- No dia do lançamento (28/9), liderou o ranking dos aplicativos mais baixados na App Store, à frente de aplicativos como WhatsApp, Facebook e Instagram.
- Durante o lançamento, 150 mil pessoas assistiram simultaneamente à live por meio do aplicativo. Ainda na loja de aplicativos da Apple, o termo "felipe neto" esteve entre os trending topics globais.

LIVRÃO FELIPE NETO – A TRAJETÓRIA DE UM DOS MAIORES YOUTUBERS DO BRASIL
- O livro foi o mais vendido do Brasil, na categoria infantojuvenil, em 2017.
- Conquistou o primeiro lugar em apenas cinco semanas.

BOTAFOGO
- Foi o primeiro youtuber a patrocinar um time de futebol na história. Após o anúncio, o número de inscritos da "Botafogo TV" no YouTube passou de 57 mil para 95 mil.
- O Botafogo teve um crescimento de 500% na venda de camisas infantis do time nos dois primeiros dias.

OUTUBRO DE 2017
- Em 30 dias, bateu o recorde de visualizações do YouTube. Alcançou 223 milhões de visualizações na plataforma, enquanto o recorde anterior em um mês no Brasil era de 199 milhões, do canal Authentic Games.
- 1º lugar no ranking entre os vloggers que mais ganharam inscritos no mundo nos últimos 30 dias.
- 3º lugar entre os vloggers mais assistidos do mundo nos últimos 30 dias.

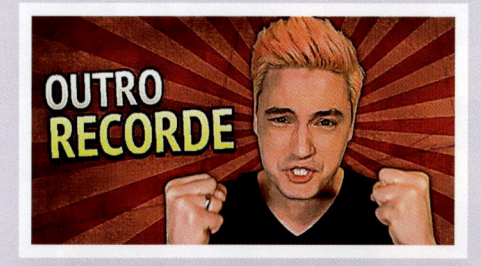

JUNHO DE 2017
- Em junho de 2017, atingiu 1 bilhão de minutos assistidos em 30 dias, o equivalente a mais de 2 mil anos de conteúdo.

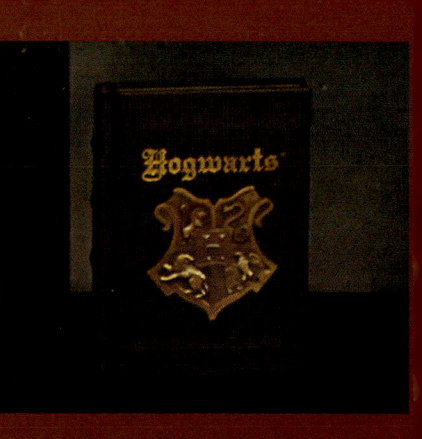

A minha paixão por Harry Potter

POR *Felipe Neto*

Tudo começou aos 11 anos, quando chegou uma carta dizendo que eu estava aprovado para Hogwarts.

Não, quem dera, mas de fato começou aos 11 anos, quando meu pai me deu um livro estranho com um desenho muito feio na capa de um menino em cima de uma vassoura. Eu não me interessava por aquilo, porque até então, para mim, os livros eram chatos.

Porém, em uma bela tarde de sol, eu não fui à aula porque estava gripado e no mais absoluto tédio em casa. Não havia celulares nessa época e computadores eram muito caros. Todos os meus amigos da rua estavam na escola ou dormindo, então decidi pegar aquele livro e dar uma folheada. Foi quando minha vida mudou para sempre.

Ler Harry Potter na infância ou adolescência é uma experiência quase espiritual. A forma como eu era levado para o universo de Hogwarts dava um prazer tão grande e único que até hoje eu lembro da sensação, algo que nunca mais experimentei com nenhuma outra obra. Ler Harry Potter foi o ponto de partida para que eu descobrisse que LIVROS SÃO MUITO LEGAIS, nós só precisamos encontrar os certos!

Eu passava dias e noites, ao longo dos anos seguintes, lendo e relendo todos os livros lançados pela Rowling. E a cada novo lançamento, minha vida parava completamente para que eu pudesse ler tudo, até acabar. E quando faltavam novas histórias, eu mesmo comecei a escrevê-las, criando longas fanfics baseadas nos personagens de Harry Potter. À medida que meu amor crescia, eu também ficava mais esperto, lendo e escrevendo muito mais, aprendendo a juntar ideias, transformá-las em projeto e levar para o papel. Minha vida inteira teria sido diferente se não fosse por Harry Potter.

Isso não significa que você vá se apaixonar tanto pelo bruxinho quanto eu. Pode ser que não. Pode ser até que você ache que nunca vai gostar de ler, porque tem preguiça e ler é cansativo.

Isso não é verdade. A leitura é um prazer da humanidade desde que nos entendemos por gente. Desde que os primeiros malucos olharam para uma parede de caverna e pensaram "HUGA BUGA DUR PUR DUR HUGA BUGA?" – Tradução Herbert Richards: "E SE EU DESENHAR NESTA PAREDE UMAS PARADA LOCA DA MINHA VIDA?"

Minha paixão por Harry Potter evoluiu, mesmo sofrendo alguns baques, como com os filmes que, confesso, nunca me agradaram completamente. Os filmes nunca me fizeram voltar a viver aquela experiência mágica e única, porque sinceramente foram pensados de maneira muito superficial. Quem nunca leu os livros não faz a menor ideia do que é Hogwarts de verdade, porque a história contada nos filmes é fraca, rasa e infantil demais. Contudo, minha paixão cresceu ano após ano e, mesmo agora, aos 25 anos de idade (eu sei que é 30, para) eu continuo sentindo um amor sem igual, ao ponto de ter tatuado as relíquias da morte na minha perna esquerda e possuir uma das maiores coleções de itens de Harry Potter do mundo.

Acima de tudo, Harry Potter me ensinou a sonhar, a exercer minha criatividade e, principalmente, a confiar na Literatura. E é isso que eu gostaria de deixar como ensinamento pra você, que está lendo este livro procurando diversão e entretenimento. Siga meu conselho: leia Harry Potter. Se não gostar, leia Jogos Vorazes. Se não gostar, leia Percy Jackson. Se não gostar, leia qualquer livro cuja capa te deixe curioso. Não leia simplesmente porque alguém falou que você deveria ler, leia aquilo que você ficou verdadeiramente instigado a compreender. Eu garanto que em algum momento você vai encontrar sua paixão literária, vai descobrir qual é o estilo que mais te agrada e nunca mais vai conseguir parar. Porque a verdade é uma só: LIVROS SÃO MUITO LEGAIS!

ENTREVISTA

"Eu não preciso que todos os brasileiros me conheçam, apenas minhas corujas"

Você passou por grandes transformações ao longo de sua carreira até chegar ao Felipe Neto de hoje. O que você considera ter sido fundamental para o seu amadurecimento?

A idade é importante, né? Hoje com meus 25 anos me sinto muito maduro. Ok, mentira, tenho 27. Ok, mentira, já fiz 30. Podemos mudar a pergunta?

Depois de tanto mudar, você parece ter encontrado a fórmula do sucesso. Você se enxerga fazendo esse mesmo tipo de conteúdo por muitos e muitos anos ou podemos esperar um novo Felipe a qualquer momento?

Nem eu sei o que esperar de mim. Gosto de me reinventar toda hora e estou sempre pensando em criar! A qualquer momento algo totalmente diferente pode aparecer.

GOSTO DE ME REINVENTAR TODA HORA

A internet se transformou em um grande campo de batalhas, e muitas vezes as pessoas se escondem atrás de perfis falsos para atacar gratuitamente. Qual é o tratamento que você dá aos haters?

Não pode dar atenção, pois é só isso que eles querem. Quem quer ajudar, não ofende. Se a pessoa ofende, é porque não quer ajudar, só quer ser notado. É falta de carinho em casa, falta de amor na vida. É só ignorar e fazer o que o mestre nos ensinou: FOLLOW THE BAILE.

Ainda na onda das guerras digitais, vivemos atualmente em um mundo que se tornou extremamente exigente e chato em função da tendência do politicamente correto. Você acha que rola um exagero?

Tem chatices que são importantes. É muito importante discutirmos sobre homofobia, racismo, machismo, transfobia e vários outros temas. O que não dá é para vivermos em um mundo onde tudo que você diz, mesmo sendo piada, mesmo sendo entretenimento, ser problematizado e levado para o extremo do preconceito. Aí fica muito difícil pra qualquer um poder falar em público, principalmente fazer piada.

A fama traz muitos benefícios e vantagens para o artista, mas também traz uma série de limitações. O que você mais gostava de fazer antes da fama que precisou abrir mão por conta do assédio?

Passear no shopping ficou mais difícil, mas o que eu mais sinto falta é de ir à Bienal do Livro, que era uma paixão. Hoje, é realmente impossível, a segurança do evento nem deixa.

O seu trabalho exige que você fique o tempo todo antenado em busca de possíveis inspirações para criar conteúdos. Você consegue se desligar completamente em algum momento do dia?

Consigo, sempre que eu vou pro meu cineminha e ligo o projetor. Aquele é o momento só pra mim, em que eu não preciso mais pensar em nada. Por isso é tão importante.

Você está sempre se reinventando e abrindo novos caminhos: YouTube, aplicativo, livros, Teatro, Cinema... O que mais podemos esperar do Felipe Neto?

Podem esperar por grandes novidades no Cinema... Tem coisas muito especiais sendo preparadas!

Deixe uma mensagem para as corujas:

Vocês são a luz do meu dia a dia. Sempre que estou pra baixo, são vocês que me levantam. Muito obrigado por existirem e estarem ao meu lado sempre! Prometo continuar criando conteúdo sem deixar a peteca cair para poder devolver a vocês tudo que vocês me proporcionam!

O entretenimento mudou tão radicalmente de uns anos para cá que gerou uma espécie de abismo entre as gerações. Essa mudança faz, por exemplo, com que você seja idolatrado por uns e, ao mesmo tempo, completamente anônimo para outros. Como você encara isso?

Acho isso simplesmente sensacional. É o fim do entretenimento monopolizado. Por exemplo: antigamente apenas os famosos de uma única emissora de televisão ficavam conhecidos pelo país inteiro. Isso é péssimo pra todo mundo. Agora, cada público assiste a diferentes coisas, em diferentes lugares. Há famosos de todos os níveis em todo tipo de plataforma! Quer coisa melhor do que isso? Eu não preciso que todos os brasileiros me conheçam, apenas minhas corujas!

Justamente por não terem vivido essa nova realidade digital, muitos pais condenam o fato de os filhos ficarem tão presos à internet. Você acha que é somente uma questão de adaptação a novos hábitos ou realmente existe um excesso por parte da nova geração?

É sempre bom ter equilíbrio na vida. É bom interagir com as pessoas olho no olho também, não pode passar 24 horas por dia no computador. Mas acho que tem muita gente exagerando também. Nunca tivemos uma geração jovem que lesse tanto. Hoje as pessoas leem e escrevem muito mais justamente por ficarem mais na internet. Há muito mais acesso a informação, conteúdo, entretenimento. Só tem que saber medir e não cair em mentiras. Nessas horas, é legal o pai saber exatamente o que o filho está consumindo na internet para poder guiá-lo pelo melhor caminho, que é o do amor, aceitação e abraço às diferenças.

FELIPE NETO 43

PAPO SÉRIO
BULLYING

POR **Felipe Neto**

Antes de mais nada, eu preciso deixar uma coisa clara para você, criança, adolescente ou adulto: eu não sou psicólogo. Logo, tudo que eu escrever aqui é puramente minha opinião e não deve ser levada como análise profissional de nada, tá? Eu sou um bocó falando sobre um assunto sério e querendo levantar o tema pra ser debatido por vocês, só isso.

Eu nunca fui de fazer bullying. Confesso que algumas vezes me excedi, motivado por algum grupinho de babaquinhas fazendo alguma maldade que na época a gente não analisava como maldade. Aliás, se tem uma coisa que um adolescente frustrado e triste com a própria vida tem dificuldade de entender é isso: o que é maldade ou não. Mas se você hoje está sofrendo bullying, ou até mesmo fazendo, tem algumas coisas interessantes para você ler aqui.

O que é o bullying?

Você vai ouvir ao longo da vida que o bullying é basicamente aquela atitude de ódio na escola de um indivíduo ou grupo contra outro indivíduo ou grupo, tentando ridicularizá-lo apenas para aparecer. E embora isso não esteja totalmente errado, não está totalmente certo.

Bullying, segundo os especialistas que EU admiro, é pura e simplesmente isso: busca por dominância. É a vontade de exercer o poder sobre os outros, de ser superior e se colocar numa posição dominante, uma coisa quase animalesca que poderia ser mostrada num vídeo do Animal Planet sobre comportamento de leões. E a partir do momento em que você entende isso, fica mais fácil de saber como lidar com as terríveis situações do bullying.

É claro que aqui não estou falando do imbecil violento, que é aquele sujeito que não pratica o bullying com palavras, mas de fato com agressões físicas. Se esse é o caso pelo qual você está passando ou está vendo alguém da sua turma passar, a única solução é falar com os responsáveis: seus pais e a coordenação. Não tente enfrentar um imbecil violento, pois normalmente são pessoas com cérebro de menos e músculos de mais e é muito difícil conseguir conversar com um gorila, não é verdade?

Em vez disso, vamos falar sobre o imbecil das palavras. Aquele que tenta humilhar, ridicularizar, inferiorizar. Por que ele faz isso? Qual é sua motivação?

Poder.

A sua necessidade é clara: ele precisa inferiorizar um indivíduo para que ele se coloque numa posição de superioridade. Dessa forma ele consegue se sentir melhor e ser admirado por outros ao seu redor. É bizarro como realmente parece que estou falando de um animal da selva, né?

Então, como agir quando esse imbecil estiver atacando você?

Como eu falei, segundo especialistas, principalmente Brooks Gibbs (um dos maiores autores e palestrantes sobre comportamento escolar do mundo), o imbecil tem como objetivo o poder e a única forma de vencê-lo é não permitindo que ele exerça esse poder sobre você. Como? Da maneira mais fácil do mundo...

"VOCÊ É UM LIXO" – diz o imbecil.

Como responder a isso? Como reagir ao ódio?

"CALA A BOCA, EU TE ODEIO" – Ao fazer isso, você embarcou no jogo de poder do imbecil. Você aceitou a provocação, mostrou que ficou magoado e entregou inteiramente o poder a ele, exatamente como ele queria. Todas as respostas no mesmo tom de ódio apenas irão fortalecer o imbecil, deixá-lo feliz, sabendo que conseguiu te provocar e ele sempre irá ganhar.

O imbecil só tem como te vencer se você não conseguir ter força o suficiente para NÃO SE IMPORTAR. Então, acredite, a melhor solução para acabar totalmente com o bullying de palavras é baseada em ter força emocional e apenas não ligar a mínima para o imbecil.

"VOCÊ É UM LIXO" – diz o imbecil.

"Obrigado =)" – Você responde com um sorriso sincero.

"VOCÊ FEDE, SEU CHEIRO DE CE-CÊ!!!"

"Poxa, valeu pela informação, vou trocar o meu desodorante"

"SUA CARA É RIDÍCULA, TU É HORROROSO"

"E você é lindo, eu acho seu rosto maravilhoso"

Repare como agora não há mais nenhum poder ficando na mão do imbecil. Ele simplesmente não tem como te engajar no ódio se você apenas não se importar. E se ele não consegue te engajar no ódio, ele perde. Estudos de especialistas comprovam que responder ao imbecil dessa forma faz com que ele perca totalmente o interesse em você.

Isso não é fácil. Não adianta achar que agora você vai chegar na escola e não vai sentir mais nenhum ódio. Você vai. Ao ver que está perdendo, é bem provável que o imbecil comece a ir ao extremo, como ofender sua família ou pessoas que você ama. Mesmo assim, você não pode SOB NENHUMA HIPÓTESE perder a calma, tranquilidade, sorriso e carinho. Porque isso é um jogo. A relação do bullying é nada mais nada menos que um jogo e a única forma de você ganhar é essa: não se importando NUNCA, não importa o que o imbecil fale.

Lembre-se de agora em diante e para sempre: bullying é um jogo. Repita isso até cansar, pois só assim você vai entender que dá para ganhar. E a resposta é simples. Faça sua mente ser forte, controle seus impulsos, reaja com inteligência, não deixe o imbecil vencer. Só depende de você. E você é capaz!

Bruna por Felipe

Como é a namorada Bruna Gomes?
Fiel, dedicada, apaixonada, paciente. É um mulherão daqueles que você nem acredita que quis ficar contigo.

O que ela trouxe de melhor para a sua vida?
Paz. O mundo de solteiro é bem conturbado, bem louco, ainda mais quando se é famoso. Ela me trouxe uma paz diferente que é muito especial.

Qual é a maior qualidade dela?
Ela está sempre lá, disposta e dedicada.

E o maior defeito?
Ela ainda não solta pum na minha frente, então eu também ainda não tenho coragem de soltar na frente dela. E aí eu fico com gases.

Qual foi a sua primeira impressão sobre ela?
MEU DEUS DO CÉU, QUE MULHER LINDA! O QUE É ISSO, JESUS CRISTO, NINGUÉM PODE SER TÃO LINDA ASSIM!

Como você a chama?
Amor, moma, mominha, princesa, Jéssica, Cláudia, Patrícia (às vezes eu simplesmente começo a chamá-la por nomes aleatórios, não sei o motivo).

Qual é o seu programa preferido na companhia dela?
Viajar! Fomos pra Londres, Berlim, Amsterdã e Orlando, e ela é uma companhia maravilhosa de viagens!

Deixe um recado para a Bruna:
Amor, você é minha tchutchuca e já sabe disso. Continue sendo a pessoa maravilhosa que você é e fique ao meu lado sempre, viu? Eu sou cheio de defeitos, maluco, trabalho que nem um desgraçado, mas por trás de tudo isso, só tenho amor por você.

Felipe por Bruna

Como é o namorado Felipe Neto?
Ele é um namorado atencioso e que sempre está comigo nas minhas decisões, seja apoiando ou dando bronca. Ele me dá todo o carinho do mundo!

O que ele trouxe de melhor para a sua vida?
Ele trouxe muita felicidade e também um novo jeito de enxergar a vida. Hoje me sinto capaz de fazer coisas novas por causa dele. Ele me inspira todos os dias.

Qual é a maior qualidade dele?
Inteligência! O Felipe é muito inteligente em todos os aspectos da vida!

E o maior defeito?
Orgulhoso. Às vezes ele sabe que está errado, mas não reconhece para não dar o braço a torcer. Isso, é óbvio, em relação a coisas bobas, pois ele nunca passaria de errado para injusto.

Qual foi a sua primeira impressão sobre ele?
De cara já o achei muito engraçado. Quando o encontrei ao vivo, notei de imediato que ele era uma pessoa supergentil e educada.

Como você o chama?
Normalmente eu chamo de "mo", só que ele tem um apelidinho especial que agora até os amigos chamam: "zangado". Isso por ele sempre ser literalmente o zangado do grupo.

Qual é o seu programa preferido na companhia dele?
Não tenho um programa preferido com ele. Estar com o Felipe já é perfeito.

Deixe um recado para o Felipe:
Zangado, você é a pessoa que me faz sorrir todos os dias, até mesmo quando acho que não posso. Você me inspira todos os dias e me faz crer que no fim o bem sempre vence e tudo dará certo. Você é meu parceiro, amigo e amor para a vida toda. Sou tua fã. Te amo!

A paixão por FUTEBOL

Se Felipe Neto tivesse que listar suas maiores paixões, o futebol certamente estaria no topo da lista. O youtuber não sabe dizer ao certo como o esporte entrou em sua vida, mas esse é um amor que ele carrega no peito desde pequeno. Seus pais contam que ainda bebê Felipe já ficava vidrado olhando para a televisão todas as vezes que tinha um jogo passando.

Essa é, normalmente, uma paixão que os filhos herdam de seus pais, mas esse não é o caso do youtuber. Felipe não tinha nenhuma influência próxima que o fizesse gostar de futebol, já que nem a sua mãe nem o seu pai ligavam muito para o esporte. Por isso, costuma dizer que esse é um amor que simplesmente nasceu com ele.

O futebol sempre esteve presente na vida de Felipe. Ele não só torcia e acompanhava os jogos, como também praticava. Quando criança, vivia com a bola nos pés, chutando de um lado para o outro. Passou toda a sua infância e adolescência jogando futebol com os amigos e mesmo depois de adulto não abandonou a prática. Até hoje o youtuber cultiva o hábito de jogar bola, como forma de lazer. Esse é o seu maior hobby e sua maior diversão. Toda semana ele dedica um dia à pelada com os amigos e não abre mão desse momento.

O amor pela estrela solitária

Toda paixão por futebol, com o tempo, costuma ser canalizada para um determinado time. E com Felipe não foi diferente. Aos sete anos, ele viu o Botafogo ser campeão do Campeonato Brasileiro, graças a um de seus maiores ídolos na época: Túlio Maravilha. Com a vitória, Felipe passou a admirar ainda mais o Botafogo e escolheu o clube como o seu time do coração.

De lá para cá, passou a acompanhar todos os jogos e, embora não tivesse condições de ir sempre ao estádio, não deixava de torcer pelo time em nenhuma disputa. Ainda hoje, com todas as suas responsabilidades e compromissos, Felipe não perde nenhuma partida. Toda a sua agenda é moldada em função dos jogos do Botafogo e ele é capaz, inclusive, de desmarcar reuniões e viagens por conta da sua paixão pelo time da estrela solitária.

Recentemente, Felipe realizou dois grandes sonhos no âmbito do futebol. Ele sempre quis estar ainda mais próximo do seu clube do coração e assim que surgiu a oportunidade de fazer parte da história do Botafogo, como patrocinador, ele não pensou duas vezes. O youtuber teve a sua marca estampada na camisa de seu time e se orgulha muito dessa conquista.

Logo em seguida, a segunda realização veio através de um convite do jogador Zico para que Felipe integrasse o time de artistas, na tradicional partida beneficente que o Galinho de Quintino, como é conhecido, costuma organizar todo fim de ano. Felipe entrou em campo em pleno Maracanã e, sem a responsabilidade de atuar como profissional, teve momentos de muita diversão ao lado de seu irmão Luccas e outros amigos. Uma experiência única que ficará para sempre guardada nas lembranças de um verdadeiro apaixonado pelo futebol.

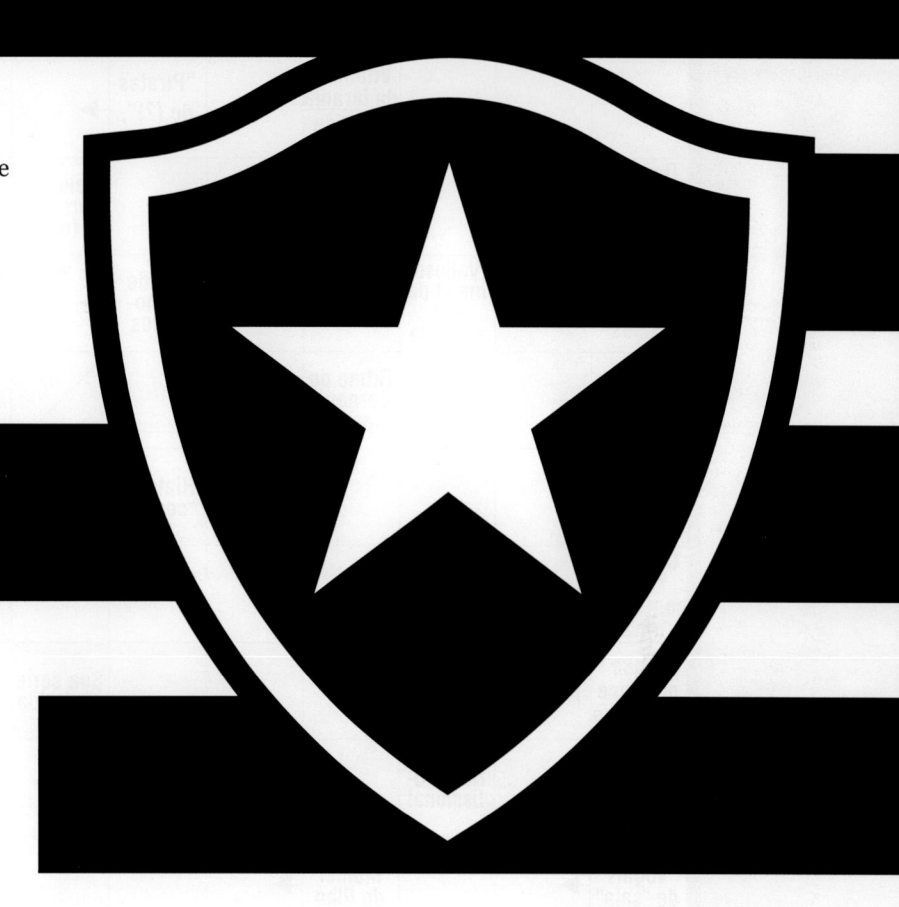

"Tu és o glorioso"

DIRETA TEMÁTICA

As células coloridas se referem a temas relacionados ao Felipe. Você consegue resolver?

Definições (da esquerda para a direita, de cima para baixo):

- Paródia que ele gravou com a participação de Anitta
- Maria-(?), doce polvilhado com coco
- Nome do seu irmão
- Antes de Cristo (abrev.)
- Utilizada; gasta
- Famoso bordão de Felipe Neto
- Produto doce da abelha
- Denominação dos seus fãs (pl.)
- Desprovido de
- Reação à piada
- Vitamina da laranja Avenida (abrev.)
- "Piratas do (?)", filme
- Opõe-se a "norte"
- Pele endurecida (pl.)
- Sílaba de "ultra"
- Quadro do canal no qual ele comenta clipes
- Valioso metal de cor amarela
- Par de namorados
- Sozinho; solitário
- Ritmo do Carnaval carioca
- Espaço de 12 meses
- Ivete Sangalo, cantora baiana
- Irmão do pai
- Assento de uma montaria
- Hiato de "coelho"
- Material de agulhas
- Feminino de dois
- Aquele homem
- Canal de Felipe com o seu irmão
- Recipiente para sucos
- O que pertence à nobreza
- Sua série preferida
- Cor do seu cabelo para comemorar os 12 milhões de inscritos
- A oitava letra do alfabeto
- Não profissional
- Eu (?): quadro do canal no qual Felipe recebe convidados
- Base do remédio caseiro
- Vogais de "sala"
- Mulher do filho
- Fruto comum de geleias
- Ruim; nocivo
- Ódio; rancor
- Hábito de Felipe antes de dormir
- (?) Sincero, personagem interpretado por ele
- Gálio (símbolo)
- Nunca precede "P" e "B"
- (?) Vilela, cantora de "Trembala"
- Trata com paparicos
- Casa onde o youtuber reside
- O do galo anuncia um novo dia
- (?)-mail, mensagem via internet
- Carta do baralho
- Tampa de vinhos
- Consoante de "asa"
- Faz orações; reza
- Cozidos no forno

4/erva, 5/nobre — react, 6/caribe, 7/friends.

CABELOS
do Felipe

De neon a cabelo de fogo, muitas cores já passaram pela cabeça de Felipe Neto desde que ele começou a pintar os cabelos. A cada novo milhão de inscritos em seu canal o youtuber lança uma nova coloração. Você acompanhou todas as transformações de Felipe? Sabe dizer em que ocasião ele usou cada uma das cores? Relacione o número de inscritos à cor correspondente.

- **A** 7 milhões
- **B** 8 milhões
- **C** 9 milhões
- **D** 10 milhões
- **E** 11 milhões
- **F** 12 milhões
- **G** 13 milhões
- **H** 14 milhões
- **I** 15 milhões
- **J** 16 milhões
- **K** 17 milhões
- **L** 18 milhões

RESPOSTAS NA PÁGINA 64 >>>>>>>>>

FELIPE NETO

Irmãos NETO

Painel 1: LUCCAS, ESTOU BOTANDO ESSA TORTA NA GELADEIRA. NÃO MEXE, HEIN!

Painel 2: MEU DEUS! UMA TORTA! ME DÁ SÓ UM PEDACINHO, FELIPE, POR FAVOR!

Painel 3: NÃO! JÁ FALEI: NÃO É PRA MEXER!

Painel 4: HUMMM... ACHO QUE SE EU PEGAR SÓ UMA PONTINHA, ELE NEM VAI PERCEBER!

Painel 5: UAU! TEM NUTELLA! ISSO DEVE ESTAR MUITO GOSTOSO! EU NÃO VOU RESISTIR!

Painel 6: CARAMBA! QUE CALOR! VOU ATÉ A COZINHA BEBER UMA ÁGUA.

Painel 7: AIII... COMO OU NÃO COMO? COMO OU NÃO COMO? COMO OU NÃO COMO?

Painel 8: LUCCAAAAS!

Painel 9: DESCULPA! FOI MAIS FORTE QUE EU! MANHÊÊÊ!

50 FELIPE NETO

teste 1

Você moraria na NETOLAND?

Toda coruja de verdade já desejou em algum momento conhecer a casa de Felipe Neto. Afinal, pelos vídeos ela parece ser um verdadeiro paraíso. Já pensou como seria se você fosse um integrante da família Neto? Será que você estaria apto a morar na Netoland?

Faça o teste e descubra!

1. Que tipo de pessoa você é?
A. Gosto de silêncio e fico irritado(a) com muito barulho.
B. Fico incomodado(a) com o silêncio e estou sempre com a TV ou som ligados.

2. Você está acostumado a dividir o seu espaço com muitas pessoas?
A. Não muito. Somos poucos lá em casa e cada um fica no seu canto.
B. Com certeza! A minha casa é um entra e sai constante e sempre tem muita gente por lá.

3. Qual costuma ser a sua reação quando fazem uma brincadeira com você?
A. Não costumo achar muita graça e dependendo da brincadeira fico até chateado(a).
B. Levo de boa e não guardo rancor.

4. Se você guarda algo na geladeira para comer mais tarde e descobre que alguém comeu sem te avisar, qual sua reação?
A. Fico com muita raiva e não sossego enquanto não descobrir quem foi.
B. Até fico chateado(a), mas logo esqueço e procuro outra coisa para comer.

5. Você gosta de cachorros?
A. Prefiro os gatos. São mais independentes e fazem menos sujeira.
B. Adoro os peludos! Os cachorros são mesmo os melhores amigos do homem.

6. Na hora de dormir:
A. Só consigo pegar no sono se a casa estiver em completo silêncio.
B. Durmo de boa e não ligo para barulho, luz ou bagunça, contanto que estejam fora do meu quarto.

7. Você se assusta facilmente?
A. Muito! E odeio levar sustos!
B. Mais ou menos. Não é qualquer coisa que me assusta.

8. O que você faz quando percebe que está participando do stories do seu amigo sem ter sido avisado?
A. Fico chateado(a), pois nem teve a opção de ajeitar o visual.
B. Nem ligo e ainda dou um tchauzinho para a câmera.

9. Você tem preguiça de subir e descer escadas?
A. Confesso que sou um pouco preguiçoso(a) sim. Podendo evitar, evito.
B. Subo de boa e aproveito para exercitar o corpo.

RESULTADO NA PÁGINA 64 >>>>>>>

Felipe Neto responde

EXCLUSIVO

O Felipe Neto Responde é um dos quadros queridinhos das corujas, afinal, é um dos maiores momentos de interação do youtuber com os seus fãs. Quem nunca mandou aquela pergunta nas redes sociais do Felipe e ficou de dedos cruzados, torcendo para que fosse escolhido?! Fazer parte de um de seus vídeos é quase um sonho, né?

Com o intuito de fazer uma surpresa para seus fãs, Felipe gravou um vídeo especial para os leitores do livrão. Ele lançou uma hashtag em seu perfil do Twitter e, após receber milhares de perguntas, selecionou algumas para gravar um Felipe Neto Responde exclusivo. Se você participou da brincadeira, a sua pergunta pode estar entre as escolhidas. Deu frio na barriga? Então corre lá pra descobrir se você tirou a sorte grande! Acesse o vídeo exclusivo de Felipe pelo QR Code abaixo.

Pinte o cabelo
da Família Neto

A cada novo milhão de inscritos em seu canal, Felipe Neto muda a cor de seu cabelo. Essa já é uma tradição que o youtuber vem seguindo há algum tempo e sempre desperta a curiosidade dos fãs a respeito da próxima cor. O desafio dos 20 milhões de inscritos, no entanto, merecia uma comemoração especial. Ao atingir essa marca, não só Felipe como toda a Família Neto tingiria o cabelo na mesma tonalidade.
Se você pudesse escolher a cor dos 20 milhões, qual seria?
Faça a sua escolha e pinte você mesmo o cabelo da Família Neto.

FELIPE NETO 53

Jogo dos 7 ERROS

54 *FELIPE NETO*

Felipe + Bruno

Crie uma HQ
Chegou a sua vez de criar uma história em quadrinhos!
Dê fala aos personagens abaixo e monte a sua própria história!

FELIPE NETO 55

Os bastidores DOS VÍDEOS

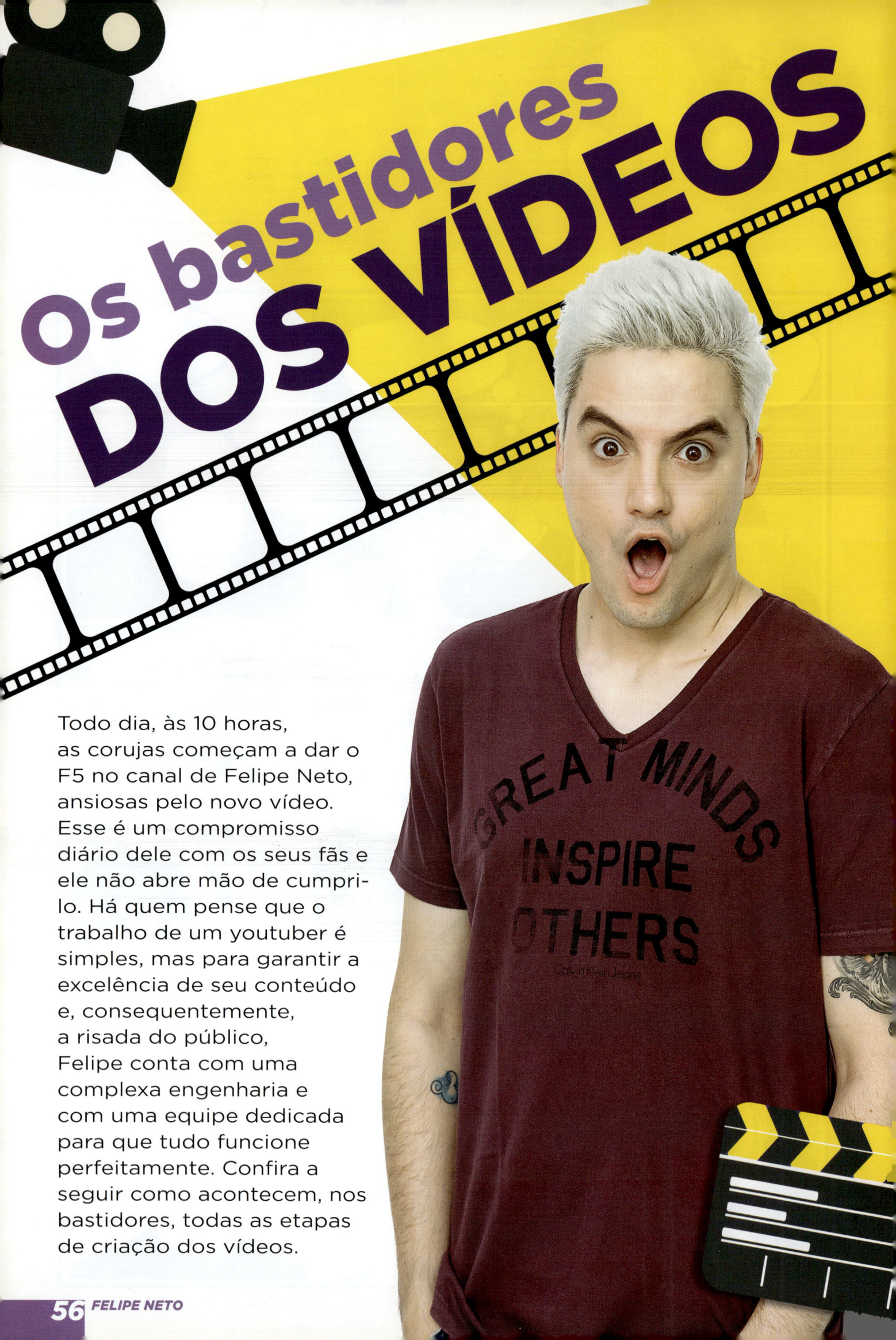

Todo dia, às 10 horas, as corujas começam a dar o F5 no canal de Felipe Neto, ansiosas pelo novo vídeo. Esse é um compromisso diário dele com os seus fãs e ele não abre mão de cumpri-lo. Há quem pense que o trabalho de um youtuber é simples, mas para garantir a excelência de seu conteúdo e, consequentemente, a risada do público, Felipe conta com uma complexa engenharia e com uma equipe dedicada para que tudo funcione perfeitamente. Confira a seguir como acontecem, nos bastidores, todas as etapas de criação dos vídeos.

DEFINIÇÃO DO TEMA

Apesar de não parecer, essa é a etapa mais difícil de todas. A gravação diária exige um cuidado muito grande com o conteúdo para que não se torne "mais do mesmo". Não basta pensar no vídeo do dia. É preciso planejar os vídeos seguintes também. Por este motivo, todos os dias, após o almoço, Felipe costuma se reunir com a sua equipe para pensar em possíveis temas. Há dias muito produtivos, nos quais eles conseguem pensar em ideias de vídeos para uma semana inteira, já em outros não surge uma ideia sequer.

GRAVAÇÃO

A gravação é o processo mais rápido na maioria das vezes. O Felipe conduz todo o processo e faz o vídeo ter vida. Todas as piadas são pensadas na hora por ele. Sempre que tem um react, ele nunca assiste antes para que a reação seja a mais espontânea possível. Nesta etapa, Felipe conta com Bruno e Gabriel fazendo comentários de fundo para deixar o vídeo mais dinâmico.

THUMBNAIL E TÍTULO

O título e a thumbnail na maioria das vezes são definidos pelo Felipe. Bruno e Gabriel opinam no que eles acham que poderia ficar legal, mas a palavra final é sempre do próprio youtuber. Durante a edição, os editores já selecionam os melhores prints dos vídeos como possibilidades para a thumbnail e enviam para o designer (Manel). Já com todas em mãos, ele espera a seleção de Felipe e monta a thumbnail de acordo com o pedido do youtuber. Felipe costuma ser bem exigente nesse processo, e a thumb costuma passar por várias revisões.

PRODUÇÃO

A produção do vídeo possui diversos níveis de dificuldades que variam em função do estilo de gravação. Alguns são mais fáceis de produzir, enquanto outros possuem uma complexidade maior. No caso de reacts, por exemplo, temos um setup pré-montado, com luzes, câmera e microfone. Isso basta. Já os quadros com comida costumam dar muito mais trabalho. O produtor Alex (Ash) vai à busca de comidas com a temática solicitada e deixa tudo preparado. Os demais quadros, como o Tente Não Rir, Reagindo a Comentários e outros do gênero, exigem uma pesquisa prévia de conteúdo, normalmente feita pelo Bruno. Por fim, quando o quadro é com convidados, o setup muda completamente, exigindo uma montagem de equipamentos no local determinado para a gravação, o que também é mais trabalhoso.

EDIÇÃO

A partir desse momento, todo o processo é acompanhado e supervisionado pelo Bruno. Ele envia os arquivos brutos da gravação para a Nuvem onde os dois editores (Kleber e Navarro) têm acesso. Já com os arquivos disponíveis para eles, Bruno define quem vai editar qual vídeo, tentando sempre dividir igualmente a quantidade e dificuldade de cada vídeo entre os editores. Essa é uma etapa que costuma ter um prazo curtíssimo e, na maioria das vezes, as edições precisam acontecer durante a madrugada para que estejam prontas na manhã seguinte.

UPLOAD E PUBLICAÇÃO

Após a edição, os editores enviam o arquivo pronto para Bruno, pessoa responsável por fazer o upload do vídeo no canal. Ele inclui o título e a thumbnail previamente definidos por Felipe, ajusta a descrição, monetiza o vídeo, adiciona cartela final e programa para ser liberado no horário certo. Os vídeos diários principais saem sempre às 10h e os vídeos extras às 18h.

QUAL É A MÚSICA?

Você gosta de músicas? É bom em adivinhação? Felipe Neto tem um desafio para você testar as suas habilidades! Observe a combinação de emojis ao lado e descubra qual é a música!

A – 🙋‍♂️ ❌ 🚗 ❌ 🏡 👫 🤷‍♂️ ❤️

B – 🙋‍♂️ 👉 👱‍♀️ 👶 👶 🐶 🛏️ 🎬 👍 ❄️ 0️⃣ 8️⃣

C – 👉 ❤️ 🤷‍♂️ 👉 ✊ 💪 ❤️ 🥊 💓 🎆 😍 🔁 🆗

D – 😉 ⏰ 🏚️ 👩‍❤️‍👨 🙏 🙄 🛏️ 👎 ❌ 🛏️

E – 😱 👦 👌 🌅 🤷‍♂️ 📻 🎶 💆‍♂️ ☀️ 🏖️ 👙 ✌️ 🍺 ❄️

F – 👍 💎 👉 👦 🚶 😰 🤷‍♂️ 🔁 👍 ⛔ 😫 ➡️ 👌 1️⃣ 2️⃣ 3️⃣ ✔️

G – 💵 🕺 😄 🏡 🚶 😢 👉 ❌ 😭 😭

H – 📞 👱‍♀️ 👴 📞 ⚠️ 👉 🚶 🚫 ⬆️ 🚪 🚷

I – 😠 🛋️ 🚶 😭 📅 ❤️ 😈 😠 🛋️ 🚶 🏡 💃

J – 👨 🔁 💿 👉 🎶 😭 💔 👎 👉 😔 🥃 ⬇️ 💳 🔟 💯 ⬆️

RESPOSTAS NA PÁGINA 64 >>

teste 2

Você seria Bruno ou Gabriel?

Bruno e Gabriel podem até ter personalidades completamente diferentes, mas no fundo eles se completam e formam o equilíbrio perfeito para Felipe Neto. Se tivesse que ser um dos dois assistentes do youtuber, quem você seria: Bruno ou Gabriel?

Faça o teste e descubra!

1. No seu grupo de amigos, você:
A. Conta as piadas mais sem graças do mundo
B. Pensa duas vezes antes de contar uma piada para não fazer vergonha

2. Quando junta uma graninha, você:
A. Corre pra comprar aquele boneco que faltava para completar a sua coleção
B. Compra uma roupa estilosa para o próximo passeio com os amigos

3. Ao ver um filme de animação, você:
A. Sempre se emociona e chega ao fim do filme com a cara inchada de tanto chorar
B. Morre de rir e só consegue ver graça no filme

4. Se tivesse uma festa à fantasia para ir, você:
A. Com certeza buscaria a fantasia de um personagem da cultura japonesa
B. Buscaria uma fantasia bem atual, engraçada e divertida

5. Quando precisa escolher entre duas sobremesas, você:
A. Pega uma de cada para não correr o risco de se arrepender
B. Investe na que tem a aparência mais bonita e deixa a outra pra provar outro dia

6. Nas horas vagas, o seu programa favorito é:
A. Jogar videogame ou jogos no computador
B. Futebol ou reunião na praça com os amigos

7. Ao receber uma notícia boa, você:
A. Corre, pula e abraça a todos que vê pela frente
B. Fica feliz, mas comemora de um jeito mais discreto

8. O seu quarto costuma ser:
A. Uma verdadeira zona. Mal me encontro lá dentro
B. Organizado, na medida do possível

9. Você é do tipo que:
A. Chega à roda de amigos fazendo uma dancinha ridícula só para arrancar uma risada da galera
B. Chega mais tímido(a) e vai se soltando aos poucos

RESULTADO NA PÁGINA 64 >>>>>>>

60 FELIPE NETO

POR Felipe Neto

MINHA COLEÇÃO

Desde criança eu sempre adorei Cinema, era fascinado pelos filmes da Disney, ao ponto de assistir ao Rei Leão umas 247 vezes. Quando fui crescendo, conheci também o mundo dos seriados e acabei ficando de novo apaixonado. E essas paixões acabaram me levando a querer sempre estar pertinho dos meus personagens e histórias favoritas. Por isso, comecei a colecionar...

Nunca tive dinheiro, então no início cada bonequinho que eu conseguia juntar alguma grana pra comprar era uma conquista. Lembro até hoje dos primeiros, de Lost, uma série que foi muito famosa no mundo inteiro. Quando chegaram, eu quase chorei de tanta felicidade.

Fui expandindo minha coleção sempre que possível, principalmente comprando coisas relacionadas a Harry Potter. E no momento em que comecei a ter um dinheiro a mais, minha paixão pôde ser completa.

Muitas pessoas não entendem o motivo de eu gostar tanto disso, mas a verdade é que coleção não é algo que pode ser muito entendido. Tem gente que coleciona moedas, outros colecionam selos, eu apenas adoro colecionar itens raros de filmes e séries que eu amo.

É muito gostoso entrar no meu escritório e dar de cara com todos eles, faz com que eu lembre que por dentro ainda sou uma criança feliz e sonhadora.

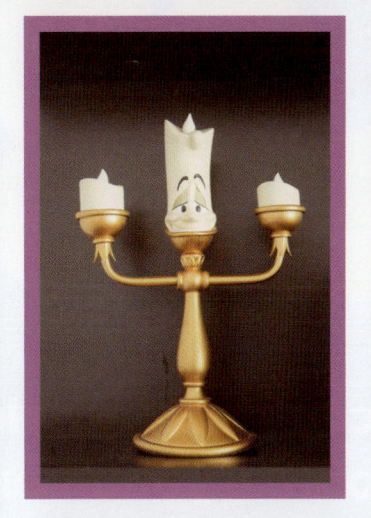

FELIPE NETO 61

QU

Será que você conhece realmente o Felipe Neto? Sabe tudo sobre o youtuber dos cabelos coloridos?
Teste os seus conhecimentos e descubra!

1. Qual é o mês de aniversário de Felipe?

A. Janeiro
B. Fevereio
C. Março

2. Como se chamam os dois cachorros de Felipe Neto?

A. Pulga e Geek
B. Jyinx e Mike
C. Depp e Mike

3. Quem foi a cantora que gravou uma paródia com o youtuber?

A. Anitta
B. Ludmilla
C. Ivete Sangalo

4. Em qual bairro do Rio de Janeiro Felipe Neto passou toda a sua infância?

A. Madureira
B. Engenho Novo
C. Vila da Penha

5. Qual é a bebida preferida dele?

A. Água com gás
B. Suco de laranja
C. Café

6. Em que horário costuma sair o vídeo diário no canal Felipe Neto?

A. 8 horas
B. 9 horas
C. 10 horas

7. Como se chama o outro canal de Felipe no YouTube?

A. Coruja Show
B. Irmãos Neto
C. Felucas

8. Quanto tempo levou para esse outro canal bater o primeiro milhão de inscritos?

A. 12 horas
B. 24 horas
C. 48 horas

9. Quem foi a celebridade que despertou em Felipe o desejo de ser ator?

A. Bruno Gagliasso
B. Marcio Garcia
C. Paulo Vilhena

10. Qual dos três nomes abaixo não participou da paródia *Rebuliço*?

A. Raíssa Chaddad
B. Dani Russo
C. Boca Rosa

11. Qual foi a cor que Felipe usou quando pintou o cabelo pela primeira vez, aos 7 milhões de inscritos?

A. Loiro platinado
B. Azul
C. Rosa

12. Qual é a comida preferida de Felipe?

A. Lasanha
B. Bife com fritas
C. Pizza

13. Qual foi o presente dado por Felipe à Bruna que a deixou mais emocionada?

A. Carro
B. Cachorro
C. Joia

14. Qual era a profissão de Felipe antes de iniciar no YouTube?

A. Designer gráfico
B. Técnico de informática
C. Atendente de telemarketing

15. Qual foi o desenho que Luccas tatuou no braço de Felipe?

A. Uma casa
B. Uma câmera fotográfica
C. Dois bonecos de mãos dadas

16. O que Felipe costuma fazer quando gosta muito de alguém?

A. Presenteia toda hora
B. Xinga constantemente
C. Faz muitas homenagens nas redes sociais

RESPOSTAS NA PÁGINA 64 >>>>>>>>>

SOLUÇÕES

07

48

B. "Eu, você, dois filhos e um cachorro/ Um edredom, um filme bom no frio de Agosto/ E aí, 'cê topa?'"*(Cê topa – Luan Santana)*
C. "Seu amor me pegou/ Cê bateu tão forte com o teu amor/ Nocauteou, me tonteou/ Veio à tona, fui à lona, foi K.O."*(K.O. – Pabllo Vittar)*
D. "Vou te esperar/ Na minha humilde residência/ Pra gente fazer amor/ Mas eu te peço/ Só um pouquinho de paciência/ A cama tá quebrada e não tem cobertor."*(Humilde residência – Michel Teló)*
E. "Caraca, muleke! Que dia! Que isso?/ Põe um pagodinho só pra relaxar/ Sol, praia, biquíni, gandaia/ Abro uma gelada só pra refrescar"*(Caraca, muleke! – Thiaguinho)*
F. "Like é importante pra você/ Viver a vida real pra quê?/ Troque likes pare de sofrer/ Aquele elogio 1, 2, 3 vai"*(Curtidinha – Felipe Neto)*
G. "Paga de solteiro feliz, mas quando chega em casa ele chora/ Ele chora, chooraa"*(Paga de solteiro feliz – Simone e Simaria)*
H. "Alô porteiro, tô ligando pra te avisar/ Que esse homem que está aí, ele não pode mais subir/ Tá proibido de entrar"*(Alô, porteiro – Marília Mendonça)*
I. "Se não gosta, senta e chora/ Hoje eu tô a fim de incomodar/ Se não gosta, senta e chora/ Mas saí de casa pra causar"*(Cheguei – Ludmilla)*
J. "Garçom troca o dvd/ Que essa moda me faz sofrer/ E o coração não "guenta"/ Desse jeito você me desmonta/ Cada dose cai na conta e os 10% aumenta"*(10% - Maiara e Maraisa)*

11

49

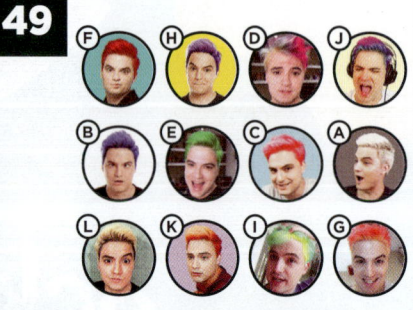

21

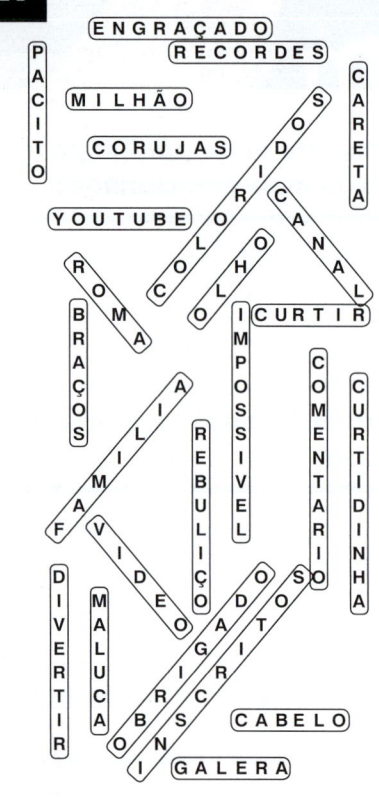

51 **Se a maioria das respostas foi a letra A:** Morar na Netoland não seria uma boa ideia, pois provavelmente o seu convívio não seria dos mais tranquilos. Você ficaria incomodado com a agitação constante da casa e não seria muito compreensivo com o barulho que os Irmãos Neto acabam fazendo para gravar seus vídeos.
Se a maioria das respostas foi a letra B: Você é daqueles que não se aborrece por pouco e poderia perfeitamente morar na Netoland! A bagunça da casa não seria um problema, você curtiria o contato com os Irmãos Neto e aposto que ia querer, inclusive, participar dos vídeos, não é mesmo?

54

58 **A.** "Eu não tenho carro/ Não tenho teto/ E se ficar comigo é porque gosta..."*(Lepo Lepo – Psirico)*

59 **Se a maioria das suas respostas foi a letra A:** Você seria o Bruno! Sempre de bem com a vida, você faz o que for possível para deixar as pessoas felizes ou, ao menos, arrancar um sorriso delas. Emoção é seu ponto forte e intensidade o seu sobrenome.
Se a maioria das suas respostas foi a letra B: Você seria o Gabriel! Mais centrado(a) e tímido(a), você prefere dar mais atenção à razão e não se deixa levar pelo coração. Apesar de adorar fazer os seus amigos rirem, você não está disposto a se expor tanto só para fazer graça.

62-63

1-A	2-C	3-A	4-B	5-C	6-C
7-B	8-B	9-A	10-C	11-A	12-C
13-B	14-A	15-C	16-B		

Até 8 acertos: Você deve ser novo no canal do Felipe. Apesar de ainda não estar muito por dentro da vida do youtuber, nada o impede de conhecê-lo melhor a partir de agora, não é mesmo? Se inscreva lá no canal dele e acompanhe os vídeos diários!
Entre 9 e 13 acertos: Nada mal! Você até errou algumas respostas, mas provou que conhece o Felipe bem e já pode se considerar uma coruja. Depois de ler este livrão certamente saberá ainda mais sobre o universo de Felipe Neto!
Entre 14 e 16 acertos: Parabéns! Sua pontuação foi muito boa! Você é uma coruja oficial e acompanha de perto o trabalho de Felipe Neto. Rebuliiiiço!

DIRETORIA: Jorge Carneiro e Rogério Ventura;
COORDENAÇÃO EDITORIAL: Eliana Rinaldi;
EDIÇÃO: Lívia Barbosa;
DIREÇÃO DE ARTE: Télio Navega;
PROJETO GRÁFICO: Jefferson Gomes e Jennifer Moreno;
ILUSTRAÇÃO: André Mello;
FOTOGRAFIA: Leo Aversa;
TRATAMENTO DE IMAGEM: Luiz Silveira e Trio Studio;
PRODUÇÃO GRÁFICA: Jorge Silva;
REVISÃO: Dalva Corrêa, Maria Flavia dos Reis e Marta Cataldo;
MARKETING: Everson Chaves;
CIRCULAÇÃO: Luciana Pereira.

Editora Nova Fronteira Participações S/A
Rua Candelária, 60 – 7º andar – Centro
Rio de Janeiro – RJ
CEP 20091-020
Tel.: (21) 3882-8300

Todas as marcas contidas nesta publicação bem como os direitos autorais incidentes são reservados e protegidos pelas Leis 9.279/96 e 9.610/98. É proibida a reprodução total ou parcial, por quaisquer meios, sem autorização prévia, por escrito, da editora.

PIXEL